JN274341

ヴァールブルク著作集7

蛇儀礼

北アメリカ、プエブロ・インディアン居住地域からのイメージ

アビ・ヴァールブルク 著
加藤哲弘 訳

ありな書房

ヴァールブルク著作集7

蛇儀礼 目次

——北アメリカ、プエブロ・インディアン居住地域からのイメージ

Aby WARBURG
Bilder aus dem Gebiet der Pueblo-Indianer in Nord-Amerika
Vortrag gehalten am 21. April 1923,
Kreuzlingen, Heilsanstalt Belle-Vue
(Warburg Institute Archive No. III, 93. 3. 2)

The Collected Works of Aby Warburg 7
Translated by Tetsuhiro KATO
Published © 2003 in Japan by ARINA Shobo Co. Ltd., Tokyo

ヴァールブルク著作集7

蛇儀礼

――北アメリカ、プエブロ・インディアン居住地域からのイメージ

蛇儀礼

——北アメリカ、プエブロ・インディアン居住地域からのイメージ

一九二三年四月二一日
クロイツリンゲンの療養所「ベルヴュ」での講演

「身体化」と「切離し」とのあいだに
論理的な結合が生まれてくるときの源となる
原始的宗教性の心理を研究するための資料

古い書物を調べなくては
アテネからオライビまで
すべてが親戚★1

はじめに

わたしは、今夜、皆さまに何枚かの写真をお見せして、それについて若干の説明をしてまいりたいと思っております。この写真の大部分は、ある旅行中にわたしが自分で撮影したものです（図1）。しかしそれは、もう二七年も昔のことになってしまいました。ですから、今夜のこの試みには若干の釈明が必要かもしれません。そのことは、わたしも十分に承知しているつもりです。というのも、与えられていた、このほんの二、三週間のあいだに昔の記憶をよみがえらせて、それをきちんとまとめあげることなど、わたしにはほとんど不可能だったからです。そうすることで皆さまには、インディアンたちの精神生活について、本当はもっときちんとしたかたちで紹介をしたかったのですが、それもかないませんでした。

さらに言えば、当時の時点でも、わたしは自分の印象を深く掘りさげることができてはいませんでした。インディアンたちの言葉を修得していたわけではなかったからです。実は、ここに、このプエブロの人たちに関する研究がきわめて困難なものになる原因があります。プエブロ・インディアンたちは、お互いにどれほど近くに住んでいようと、きわめて多くの、そしてたがいにきわめてかけ離れた言語を話しています。したがって、現地のアメリカの研究者でさえも、そのうちのわずかひとつに精通することに多大な困難を感じているほどなのです。

それを別にいたしましても、わずか数週間という短い旅行では、本当に深い印象を手に入れることなど不可能でした。いまでは、そのわずかな印象さえ、さらにぼんやりとしたものになっています。したがって、ここでわたしは、そのかすかになった記憶をたよりに、わたしの考えをお伝えする以上のことを皆さまにお約束することはできません。とはいえ、少なくとも、撮影された写真の直接性ということが大きな助けになることは期待できます。写真をご覧いただくことで、わたしが言葉で語る内容をはるかに超えて、いずれその文化伝統が失われようとしているインディアンたちの世界について、さらには、わたしたちの文化史記述の全体にとってきわめて重要な意味をもつ次のような問題についてなんらかの印象をおもちいただければ幸いです。その問題とは、すなわち、ここでわたしたちは、キリスト教以前の原始的な人間世界の本質をなす特徴をどこに見いだすのかという問いです。

プエブロ・インディアンとその呪術的習慣

プエブロ・インディアンという名前は、彼らがスペイン語で言うプエブロ、つまり集落に定住していることに由来します。彼らの生活は、遊牧狩猟民族の生活とは対照的です。彼らが住んでいる同じニューメキシコからアリゾナにかけての地域には、ほんの数十年ほどまえまで、この非定住の狩猟民族が住んでいて、戦闘と狩猟の生活を送っていました。

文化史家としてのわたしが興味を感じたのは、技術文化を、知的人間が使う精密兵器のひとつへと変化させた国

図1——カメラケースを横に置くヴァールブルク

のまったただなかに、キリスト教成立以前の未開の人たちが居住する飛び地がそのままに維持されることがありえたという事実でした。彼らは、この地で最初から最後までただ生存競争のなかだけで生活しています。とはいえ彼らは、まさに農耕や狩猟上の目的のために、揺るぎのない確信をもって呪術的行為を実践しています。わたしたちは、それにもかかわらず、とかくこれを発達の遅れた劣った人間の生き方の徴候だと決めつけてしまいがちです。しかし彼らのもとでは、いわゆる迷信が日々の生活と緊密に結びつきあいながら生きています。それは、自然現象や動物や植物に対する宗教的尊崇の念そのものと言ってもいいでしょう。インディアンたちは、自然現象や動植物のなかに生きた魂があると考え、とりわけ仮面舞踊によって、その魂に働きかけることができると信じているのです。

荒唐無稽な呪術と筋道の通った目的論的思考とがこのように並存することは、わたしたちにとっては分裂の徴候のように見えるかもしれません。しかし、インディアンたちにとっては、これは分裂症的傾向を示すどころか、逆に、人間と環境世界とのあいだの際限のない結びつきの可能性を秘めた解放的な体験なのです。

それはともかくとして、プエブロ・インディアンたちについて宗教心理学的な考察を試みるさいには、細心の注意を払わなければならない理由がひとつあります。それは、資料が混成的、つまり二つ以上の層から形成されてきたものだということです。先住アメリカ人たちが築いたもとの土台のうえに、一六世紀の末からスペインのカトリック教会による教育が層をひとつ重ねました。この教育活動は一七世紀の末にむりやり妨げられることになります。この活動は、その後に復活はしましたが、表向きには一度ともとどおりにモキ[★2]の村で浸透していくことはありませんでした。そして、そのうえに、北アメリカ的な教育が第三の層として加わります。

しかし、プエブロでのキリスト教以前の宗教活動についてさらに詳しく研究していくとわかってくることですが、そこには、この土地に特有の客観的な宗教形成要因が少なくともひとつ存在しています。それは、水が不足しているということです。鉄道はまだ彼らが住んでいる地域までは開通していません。したがって、彼らは、水不足や水への欲求に対して、世界中の技術発展以前の未開文化に見られるのと同様の呪術的習慣に頼って、厳しい自然の猛威を克服するようにしなければなりませんでした。水不足が呪術と祈りを教えているのです。

全体の構成

［最初に論じるつもりですが］壷作りのさいにほどこされる装飾を見れば、宗教的な象徴機能をめぐる本来的な問題が何であるかはすぐに明らかになります。壷への装飾は、一見、線だけによる純粋な装飾のように見えますが、実際には象徴的に、そして宇宙論的に解読されるべきものです。そのことについては、わたしが一人のインディアンに自分で頼んで描いてもらった一枚のスケッチが教えてくれます（スライド11）。ここでは、宇宙論的表象、つまり家屋のかたちでとらえられた宇宙という基礎的な要素とともに、一匹の不合理な巨大動物が、謎めいた恐ろしげな精霊、つまり蛇のかたちで姿を現わしています。

しかし、インディアンたちのアニミズム的な、つまり自然のなかに生命感を感じとるような自然崇拝のなかで、最も強烈な印象を与えるのは仮面舞踊でしょう。以下、［本論の中心になる部分で］わたしは、まず純粋な動物舞踊、次いで樹木崇拝の舞踊、そして最後に、生きた蛇とともに踊る舞踊を紹介いたします。

この話の終わりの部分では、キリスト教が成立する以前のヨーロッパにおける同様の現象についてもかんたんに考察いたします。そのなかで問われることになるのは、次の疑問です。すなわち、プエブロ・インディアンたちのもとに今も生き続けるこのようなキリスト教以前の世界観は、未開の異教徒たちの世界から古典古代の異教的世界を経て現代人へといたる発展のようすを計る基準のものさしをわたしたちに与えてくれるのでしょうか。

1　プエブロ・インディアンたちと、その生活

地理的位置

かの地に有史以前から、そしてその後も住み続けた人たちがわが家として選んだのは、全般的に見てかろう

じて自然がそなわっているだけの土地であった［スライド1］。北東部には細々と谷間を延びる溝筋があり、リオ・グランデ・デル・ノルテ川は、そこを通ってメキシコ湾に流れこんでいる。それを除けば、ここで景観を構成するのは、基本的には、遠くまでいくつも水平に連なっていく（白亜紀から第三期の）岩石の塊による高原地形である。これらの岩は、頂上が平らで外縁は切り立った崖となる比較的標高の高い卓状台地（「メサ」という用語はテーブルとの比較から生まれている）を形成するかと思えば、水流によって浸食されて、……一〇〇〇フィート以上もの深さのある峡谷、キャニオンとなる。この峡谷の斜面は、とくにその最上部では、まるで鋸で切りとったようにほとんど垂直にそそり立っている。……

一年の大半の時期、この高原地形にはまったく降水がない。そのため、大多数のキャニオンは完全に干上がっている。しかし、雪解けとほんの短期間の雨季のときにだけは、大量の水流が、草木のない谷間を音を立てて流れていく。☆1

ロッキー山脈に連なるこのコロラド高原地方では、コロラド、ユタ、ニューメキシコ、アリゾナの四つの州が境を接しています［スライド2］。そして、この地方には、廃墟となった先史時代の住居跡の傍らに、今日でもインディアンたちが住む集落が点在しています。

高原西北部のコロラド州地域には、今はもう人が住んでいない岩棚式集落、つまり岩の割れ目にはめこまれた家々が見られます（図2）。一方、東部のグループは、およそ一八の集落から形成されていて、サンタフェやアルバカーキから比較的たやすく訪れることができます。また、とくに重要なズーニ★3の集落は南西部のほうにあって、フォート・ウィンゲートから一日の旅程のところにあります。そして、最も訪れるのが困難なのは、したがって、昔ながらの特徴が最も損なわれることなくそのままに残されているのはモキ［ホピ］★4の集落です。この集落は全部で六つあって、櫛状に立ち並ぶ三つの岩の上に築きあげられています。

高原中央部の平地には、メキシコ人たちが定住した町で、ニューメキシコの州都であるサンタフェが位置しています［スライド3］。この町は、前世紀から続いた激しい戦いの末に、今はアメリカ合衆国の支配下に入りました。このサンタフェや、その隣のアルバカーキから、東部の多くのプエブロ集落までは、比較的たやすく到達することができます。

プエブロ式住居

アルバカーキの近くにラグーナ★5という集落があります。この集落は、他の集落ほど標高の高いところに位置しているわけではありませんが、ともかくもプエブロ式集合住宅の非常によい例を提供してくれています。当初からの集落は、アチソン・トピーカ・サンタフェ鉄道★6の線路からは離れたところにありました。一方、ヨーロッパ人たちは、ふもとにある平地の駅のすぐ近くに定住しました。先住民たちの集落は、二階建ての住居群から成り立っています。この住居へは上から入ります。つまり、地上部から入るドアがないので、はしごを使ってまず上に登るのです［スライド4・5］。住居がこのような形態になったのは、敵からの攻撃を防ぐには当初はこのほうが好都合だったからということのようです。そうすることで、プエブロ・インディアンたちは、住居と城という、建物の二つの目的を結びつけてきました。このやり方は彼らの文明に特徴的なことであり、この種の住居は、おそらくアメリカの先史時代にまでさかのぼります。それは、いわばひな壇状に積みあげられたテラスハウスのようなもので、一階部分の上に二階が、ときにはさらにその上に三階が積み重ねられ、四角形の居住区域の集合体が形成されているのです。

このような住居の室内には小さな人形が吊り下げられています［スライド6］。ただの玩具の人形ではありません。それは、ちょうどカトリックの農民の家に掛けられている聖人の像と同じようなものです。これが、いわゆるカチーナ★7人形（図3）なのです。カチーナ人形とは、人間と自然とのあいだを仲介する精霊的存在として、収穫期にあわ

Die alten Ruinen in Süd-Colorado, Süd-Utah, Neu Mexico und Arizona.

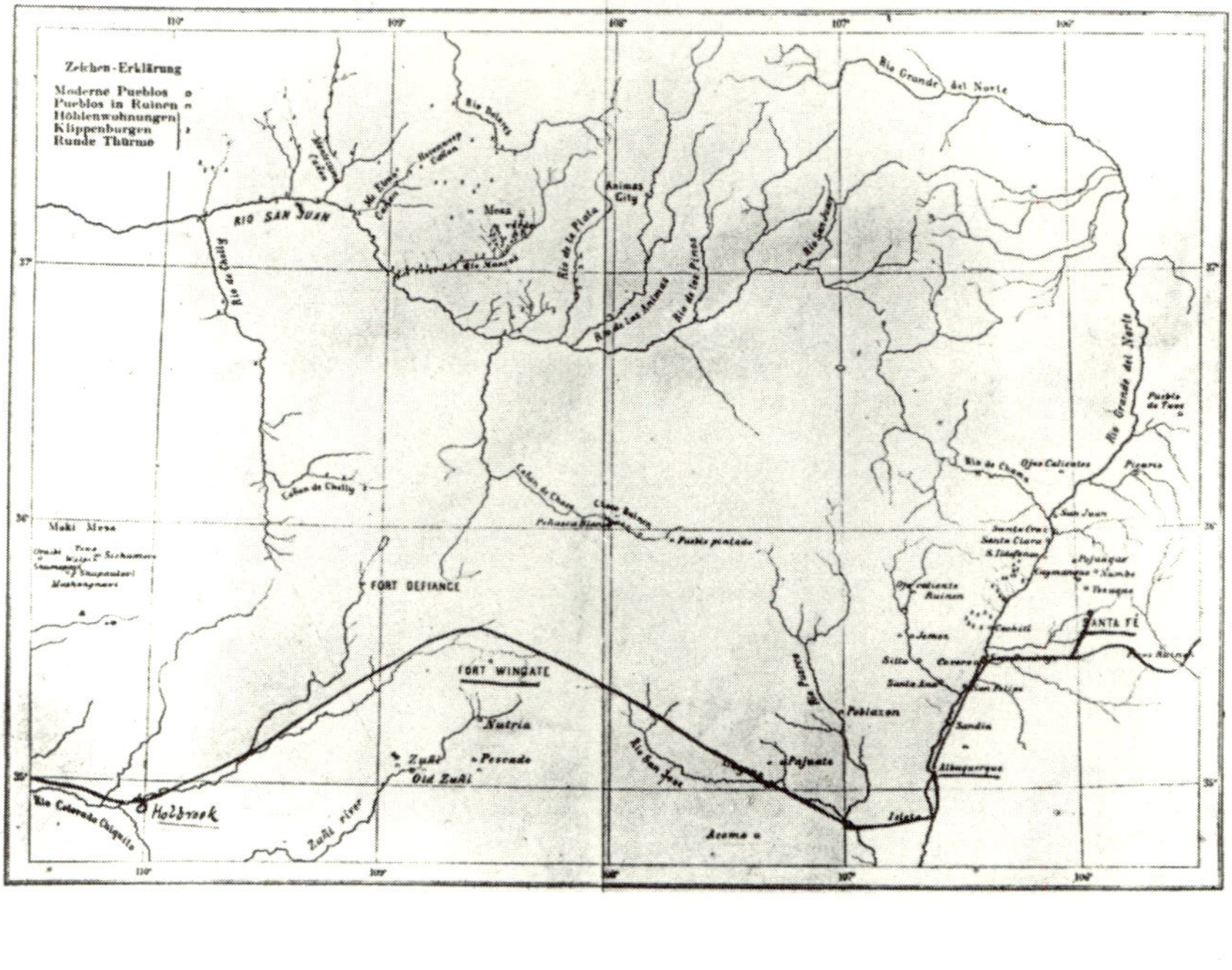

スライド1（右上）———プエブロ・インディアン居住地域の風景（「メサ」と呼ばれる卓状台地）
スライド2（右下）———フォー・コーナーズ地区の先史遺跡地図　ヴァールブルク自身にによる下線付き

図2———岩棚式住宅遺跡

スライド3———サンタフェの眺め

乾燥礼拝——北アメリカ、プエブロ・インディアン居住地域からのイメージ　ヴァールブルク著作集7

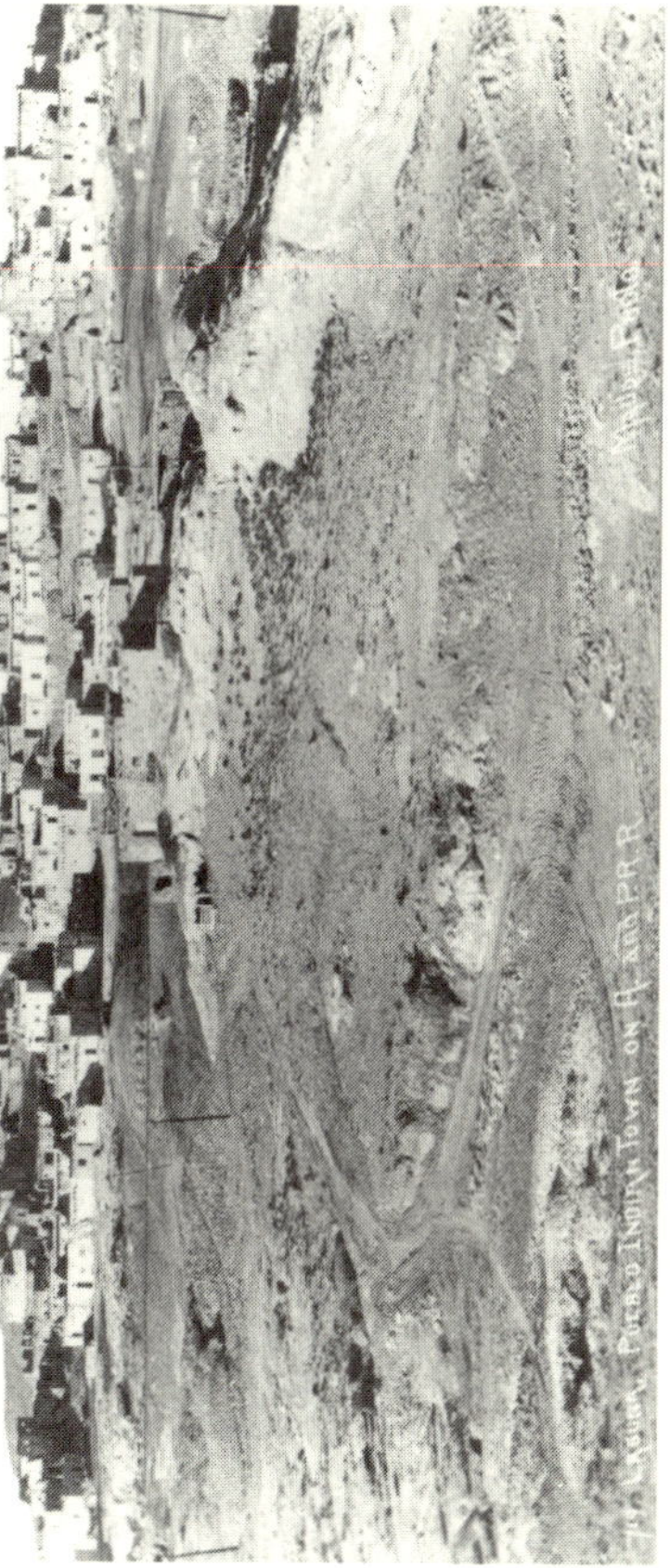

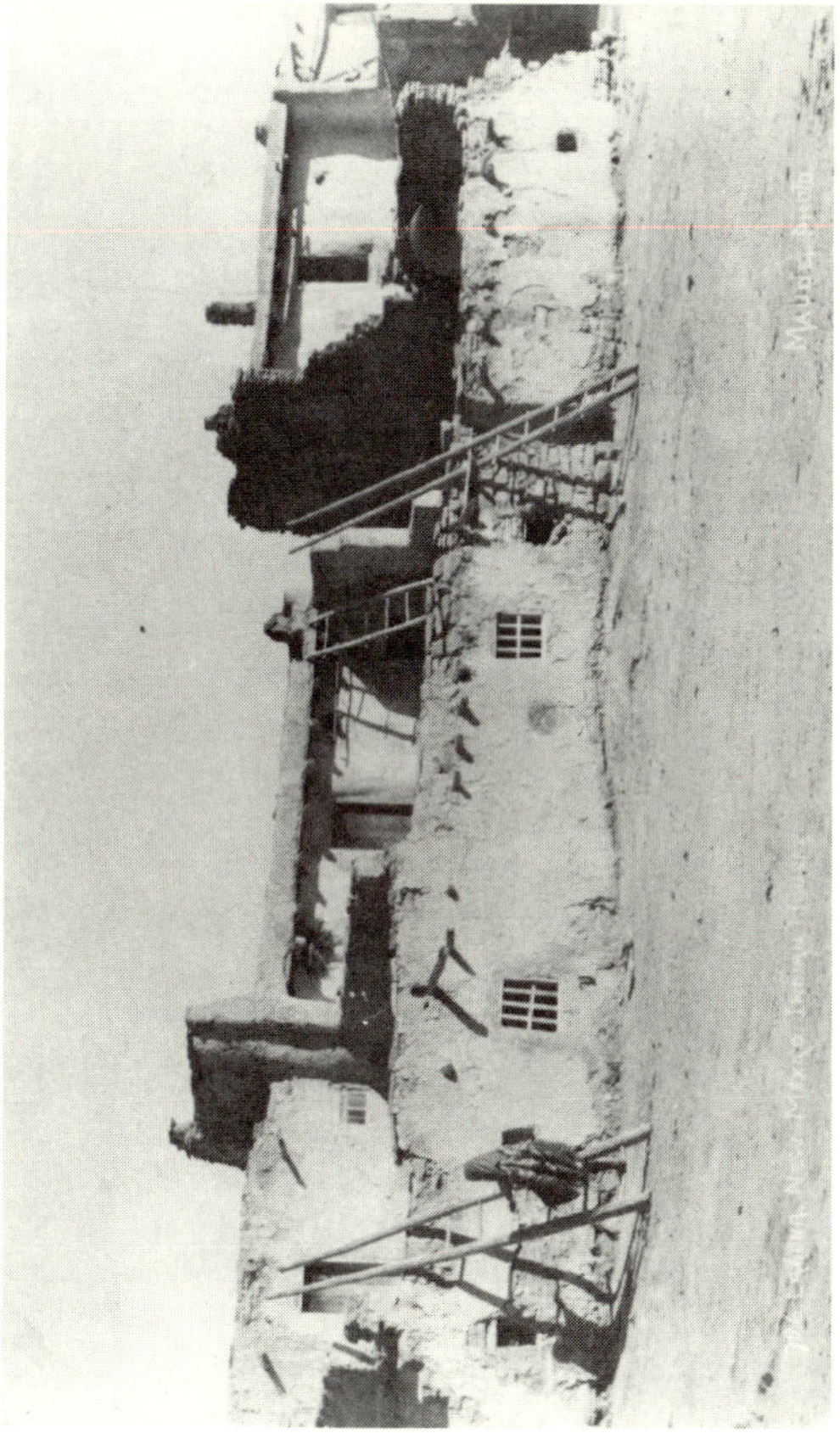

スライド4（右上）——ラグーナの眺め
スライド5（右下）——プエブロ式住居
スライド6（左上）——プエブロ式住居の室内

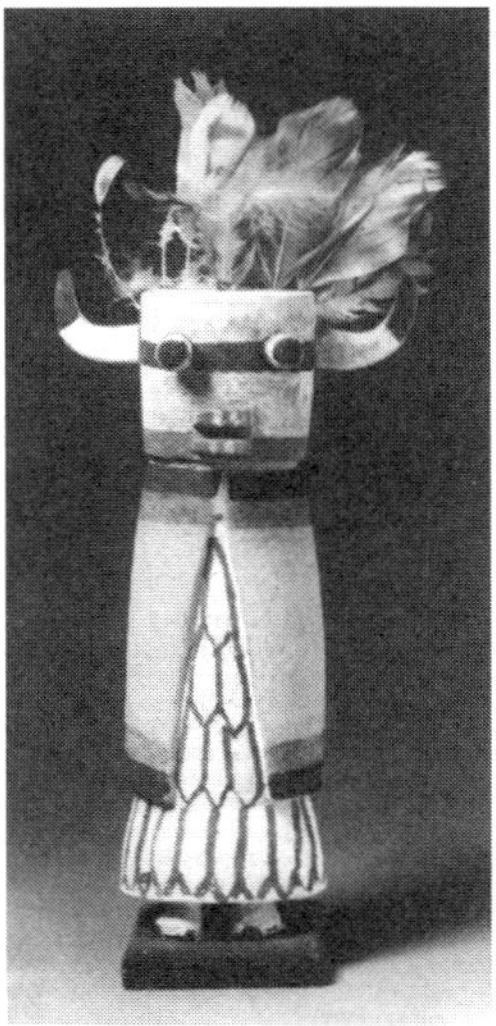

図3——カチーナ人形　ハンブルク民族学博物館

せて定期的に挙行される祭礼のなかに登場する仮面舞踊の踊り手を忠実にかたどったもののことです。この踊り手たちは、この地域における農耕宗教と狩猟宗教のようすを最も奇異で、そして最も独特のしかたで表現するもののひとつです。

壁には、この人形とは対照的に、侵入してきたアメリカ文化の象徴である箒が掛けられています。

壺と象形文字

しかし、実用的であると同時に宗教的でもある目的のために用いられる最も重要な工芸品は、不可欠であるのにわずかしかない水を容れるために土でつくられた容器です［スライド7］。

これらの壺に描かれた素描の様式の特徴となっているのは、自然現象の骨格を紋章学的に表現している点です。たとえば鳥は、その本質的な構成要素に分解され、その結果、紋章学的に抽象化された形態に変えられています。つまり、鳥は象形文字になるわけで、もはやただ見られるだけのものではなく、読まれなければなりません。ここに見られるのは、現実のイメージと記号とのあいだの、あるいは本物そっくりの鏡映像と文字とのあいだの中間段階とも言うべきものです。このように動物を利用したこの種の装飾を見ていると、ここでのものの見方や考え方が象徴的な絵文字に向かってどのように進化していくのかがすぐに理解されます。

鳥は、インディアンたちの神話的表象のなかで、ひとつの大きな役割を演じています［スライド8］。この役割については、『皮脚絆物語』★8のおかげですでに誰にでもおなじみのものになりました。鳥は、他の動物と同じように、想像上の祖先、つまりトーテムとして崇拝の対象になっていますが、それを別にしても、とくに埋葬儀礼において格別の尊崇を受けています。それだけではありません。シキヤキ★9から出土した先史時代の例では、ものを掠めとる鳥の精霊が神話的空想のなかの基本的なイメージのひとつとなってさえいました。また、鳥は、その羽根によって、偶像崇拝的礼拝には欠かせないものになっています。インディアンたちは、小さな棒切れから祈りのためのある特

スライド7——壷を頭に載せる少女　壷には鳥を表す「象形文字」が記されている
スライド8——鳥が描かれた土器　ハンブルク民族学博物館
スライド9——蛇が描かれた土器　ハンブルク民族学博物館

殊な用具をつくりだしました。それは、バホ（Baho）と呼ばれるもので、羽根をつけて物神祭壇の前に置かれたり墓の上に植えつけたりされます。インディアンたちによる信憑性のある説明によれば、羽根は、その翼の力によって、インディアンたちの願いや祈りを自然界の精霊的存在のもとに届けてくれるということなのです。

言うまでもなく、プエブロの今日の壷に、中世スペインの技術からの影響を見ないわけにはいきません。これは、一八世紀にイエズス会士たちによってインディアンたちのもとにもたらされたものです。

しかし他方で、フュークス[★10]の発掘調査[☆2]によって反論の余地なく確定されましたように、スペイン人から影響を受ける以前の、より古い壷製作の技術も存在していました。そこには、まさにあの紋章学的な鳥のモティーフが示されているばかりではなく、「蛇」も描かれています。蛇は、モキの人たちのもとでは、キリスト教以前のあらゆる宗教習慣においてそうであるのと同じように、最も生々しい象徴として尊崇と礼拝の対象になっているのです。

これらの蛇たちは、フュークスが先史時代の土器の上に発見したのとまったく同じ姿で、つまり頭部に羽根をつけて、とぐろを巻いた姿で現代の土器の素地のうえに登場するのです［スライド9］。縁には四つの階段状の飾りがついていて、動物たちが小さく描写されています。インディアンたちの秘密儀式についての研究を通して、わたしたちは、たとえば蛙や蜘蛛といったこれらの動物が世界の方位を象徴しているということを知っています。また、このような土器は、キヴァ（Kiwa）と呼ばれる地下の礼拝室に祀られる物神の前に置かれたということもわかっています。

キヴァでは、稲妻を象徴する蛇が崇拝の中心になっています。

世界家屋と蛇

サンタフェのホテルで、わたしは、一人のインディアン、クレオ・フリーノとその息子、アナクレート・フリーノに、ちょっと変わったスケッチを描いてもらいました［スライド10・11］。彼らは、最初は渋っていましたが、わたしの目の前でそれを仕上げてくれました。このスケッチのなかで、彼らは、色鉛筆を使って彼らの世界の宇宙論的なイメージのあらましを伝えてくれたのです。父親のクレオは、コチティ[★11]にあるキヴァの神官の一人であり画家でもあります。この素描は蛇を、雷雨の天候をつかさどる神の姿で示したもので、羽根こそついていませんが、その他の部分については、壷の絵に登場する蛇とまったく同じように描かれており、さらに、矢の形をした尖った舌がついています。

世界を表わす左下の家の屋根には階段状の切妻壁が描かれています。壁と壁のあいだには虹［雨のアーチ］がかかり、その下では、球形の雨雲から雨が落ちてきます。雲の下に短い線で雨が表わされているのがご覧になれるのではないでしょうか。中心には、雷雨と世界を表わすこの家の本来の主人としての物神ヤヤ（Yaya）、ないしはイェリック（Yerrick）がいますが、それは蛇の形をしてはいません。

このような絵を前にして、信心深いインディアンは、呪術的なわざを尽くして恵みの雨をもたらします。わたしたちにとって驚くべきことに、この呪術のなかでは、生きた蛇が使われることもあります。フリーノによるスケッチからもわかりますように、蛇は、稲妻のような形をしていることから、呪術的な因果関係のなかで稲妻に結びつけられているのです。

階段状の形態をした屋根をもつ世界家屋、先端が矢の形をした蛇、そして蛇自体は、インディアンたちの象徴的なイメージ言語を構成する重要な要素です。また、ここでは示唆するだけにとどめますが、階段は、おそらくアメリカ全体に通じる、いや世界中に共通する、宇宙の象徴なのです。

ここに、スティーヴンソン夫人[★12]にならって撮影された、シア[★13]の地下キヴァのスナップショットがあります［スライド12］。写っているのは稲妻を表わす木彫祭壇の構成です。この祭壇は、供物を捧げる儀礼の中心になっており、そこには、稲妻の形をした蛇が、空の方向を指示するその他の象徴群とともに並べられています。これは、世界のあらゆる方角から集められてきた稲妻のための祭壇なのです。その前でしゃがんでいるインディアンたちは、祭壇

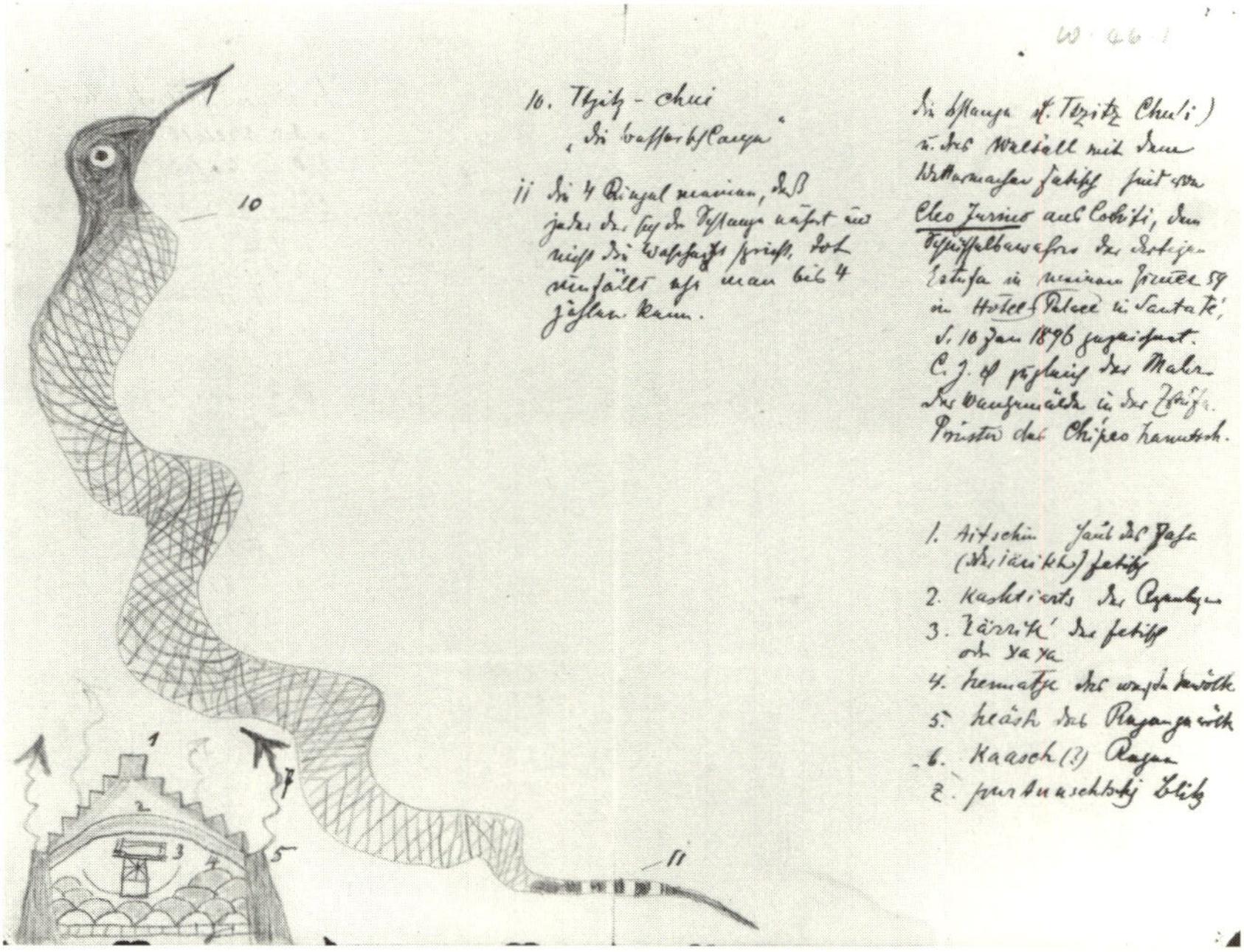

スライド10（右）——クレオ・フリーノ
スライド11（上）——クレオ・フリーノ《宇宙の描写》
蛇（Tzitz Chu'i）と、雷雨の天候をつかさどる物神が住む宇宙を描いたこの絵は、コチティ出身でかの地のエストゥーファ［竈部屋］の鍵の保管者であるクレオ・フリーノが、サンタフェ、パレス・ホテルのわたしの部屋五九号室で一八九六年一月一〇日に描いたものである。クレオ・フリーノは、また、エストゥーファに壁画を描く画家であるとともに、チペオ・ナヌチュ（Chipeo Nanutsch）の祭司でもある。

1　アイチン（Aitschin）……物神ヤヤ（Jaja［あるいはイヤリキ iarikh］）の家
2　カシュティアルツ（Kashtiarts）……虹［雨のアーチ］
3　イエリック（Ya"rik）……物神あるいはヤヤ
4　ネマティエ（Nematje）……白い雲の集まり
5　ネアエシュ（Nea"sh）……雨雲の集まり
6　カーシュ（Kaasch）……雨
7　プルトゥンシュチ（purtunschtschj）……稲妻
8　［欠落］
9　［欠落］
10　ツィツ・チュイ（Tzitz-chui）……「水・蛇」
11　ここにある小さな四つの輪は、この蛇に近づく者で真実を話さない者がいれば、四つ数えることができるまえにばったりと倒れて死ぬということを意味している（ヴァールブルクの註）。

スライド12——シアのキヴァ（稲妻の祭壇がある室内）

に捧げる供物を並べたあと、仲介の祈りを象徴する羽根を手にもっています。

アコマのカトリック教会

わたしは、正式なカトリックの影響下にあるインディアンたちを直接★[14]観察したいと思っていました。その願いは、ある事情によって幸いにもかなえられることになりました。一八九五年の元旦にメキシコ人のマタチネス舞踏★[15]を見物したときに、カトリックの主任司祭であるジュイヤール師と出会ったのですが、このジュイヤール師に随行して、ロマンチックな場所に位置しているアコマ★[16]の集落を目指す視察旅行に出かけることが可能になったのです。

わたしたちは、エニシダの生えた荒野をおよそ六時間かけて馬車でいきました［スライド13］。到着したこの集落は、まるで砂の海に浮かぶヘルゴランド★[17]（図4・5）のように、岩の海のなかから浮かびあがっているように見えました。

わたしたちが岩のふもとに着くか着かないうちから、司祭の到着に敬意を表わして鐘が鳴りはじめました。すると、色とりどりに着飾ったインディアンたちの集団が稲妻のようにすばやく小道を降りてきて、わたしたちの荷物をもっていってくれます。馬車は下に残されました。必要なことではあったのですが、これがのちに重大な結果を招くことになります。実は、そこから、司祭がベルナリージョ★[18]の修道女たちから贈りものとしてもらっていた一樽のワインがインディアンたちに盗まれてしまったのです。さて、わたしたちは、山上でまず、この集落の村長《ゴベルナドル》から敬意のしるしに満ちあふれたやりかたで歓迎されました。この集落を統治する首長のことは、いまだにスペイン語でそう呼ばれているのです。村長は、司祭の手をとって唇に当てて大きな音でキスをしました。あたかも彼は、敬意に満ちた歓迎のしるしとして、その歓迎されている人の香気を吸いこもうとしているかのようでした。

わたしたちは、御者とともに、この村長の家でいちばん大きい部屋に泊めてもらうことになりました。そして、わたしは司祭からの要望にこたえて、翌朝のミサに参列することを約束しました。

インディアンたちが、教会の戸口の前に立っています［スライド14］。彼らは、なかなか中に入ろうとはしません。そうさせるには、彼らの首長が、並行して走る三つの街路に向けて大きな呼び声を発してやらなければなりません。そしてやっと彼らが教会のなかに入ってきました。

彼らは、絵のように美しいウールの布で体を包んでいます。この布は、ナヴァホ★19の遊牧民の女性たちによって野外で織られるものですが［スライド15］、プエブロの人たち自身によってもつくられています。布には、白、赤、あるいは青の飾りがついていて、このうえなく美しい絵画的な印象を与えてくれます。

教会の内部には、小さいけれども本格的なバロック式祭壇があり、聖人の姿が描かれています［スライド16］。インディアンの言葉がまったくわからない司祭は、通訳を一人使わなければなりませんでした。その通訳はミサのあいだに一文ごとの翻訳をしていましたが、どうやら自分が気に入ったことだけを話していたようです。

礼拝のあいだに気がついたことですが、教会の壁は、クレオ・フリーノがわたしに描いてくれた図とまったく同じ様式で描かれた、キリスト教以前の宇宙論的象徴でおおわれていました。あのラグーナの教会も、やはりそのような絵画でおおわれています。それらが象徴として示しているのは階段状の屋根をもつ宇宙の姿です［スライド17］。このぎざぎざの装飾文様が象徴的に示しているのは階段です。しかし、それは壁のついた四角い階段ではありません。それは、もっと原始的な形で、一本の木から刻みだされた階段です。そしてこの階段は、今でもプエブロの人たちのもとに実際に存在しているのです［スライド18］。

踏み段とはしごは、自然界における生成や、上昇と下降を象徴化しようとする人にとって、人類の原体験を意味します。それは、空間内で闘いとられる「上へ」と「下へ」の象徴であり、一方、円環、つまりとぐろを巻いた蛇は、時間のリズムを表わす象徴なのです。

もはや四足ではなく直立して歩行するようになった人類は、そのために、上昇を目指したときに重力を克服するための支えの道具を必要とするようになりました。そこで、動物と比べたときに人間が資質の点で劣っている部分

スライド13———アコマへと向かうキャラヴァン

スライド14———教会の戸口の前の先住民たち

図4——アリゾナのメサ

図5——ヘルゴラント

スライド15（上）——織物を織るナヴァホの女
スライド16（下）——教会の内部

スライド17（上）——教会の壁に描かれた、宇宙を表す装飾
スライド18（右）——一本の木から刻みだされた「はしご」と穀物置場と犬

を高貴なものにするための道具として、階段が発明されたわけです。一歳を過ぎなければ立ちあがることのできない人間には、階段のありがたさがよくわかります。歩くことをまず修得しなければならない存在として、人間は、同時に、頭を起こすことによる恩恵を受けとってもいるからです。階段を上がるということは、地上から天上を目指す人間の「さらに上を目指す《エクセルシオール》」姿であり、歩く人間に、頭を起こして上を向くことによる高貴さを与えてくれる真に象徴的な行為なのです。

天空の観察は、人類への恩寵であると同時に、災禍でもあります。

このようにして、インディアンたちは、世界を表わす家とはしごを使ってなかに入る彼らの階段状の家とを同一視することで、宇宙を合理的に説明する要素を生みだしてきました。

しかし、わたしたちは、この世界家屋を、知的で秩序だった宇宙論を単純に定着させたものだとみなしてしまわないように注意しなければなりません。というのも、この世界の家を支配してきたのは、そしてこれからも支配し続けるのは、あの不気味な動物、つまり蛇だからです。

2　動物舞踊――サンイルデフォンソ

プエブロの仮面舞踊

プエブロ・インディアンは、農耕民であるだけではなく狩猟民でもあります。もちろん、かつてこの地で生活していた未開の種族と同じ程度でそうだということではありません。インディアンは、生きていくために、玉蜀黍ばかりではなく、肉も必要とします。たしかに仮面舞踊は、わたしたちには、彼らの日常生活に付随する祭礼行事にすぎないように最初のうちは見えるかもしれません。しかし、それは実際には、呪術を実行することで食糧を調達するという完全に社会的な行為とみなすべきものなのです。仮面舞踊は、たんなる遊びのひとつとみなされることがよくありますが、実はその本質から言えば、それは真剣な、言ってみれば生存をめぐる闘争を闘うための戦闘的な対処行動にほかなりません。もちろん、忘れてはならないことですが、プエブロの仮面舞踊からは、彼らの最悪の敵であった遊牧インディアンたちのあいだで見られる、人間を痛めつけるような血なまぐさい戦争舞踊の習慣は排除されています。それは、遊牧インディアンたちの舞踊とは根本的に異なっているのです。とはいうものの、その起源から言えば、またその内的な方向性から言えば、それが獲物を求めて生贄を捧げる舞踊であることにかわりはありません。狩猟民ないしは農耕民が仮面をかぶるとき、彼らは、動物であれ玉蜀黍であれ、模倣によっていわば獲物の姿を身にまといます。そのとき彼らは、模倣による神秘的な変身を通して、狩猟民や農耕民としての地味で警戒を怠らない日々の労働を通して彼らが得ようと努めてもいるものを、先取りのかたちで奪いとることができると信じているのです。

日々の糧を社会的に調達する作業には、このように分裂症的な傾向があります。つまり、呪術と技術とがここではぶつかりあいながら並存しているのです。

論理的な文明化の過程と呪術による荒唐無稽な因果結合とが、このように同時に存在していることからもおわかりのように、この地のプエブロ・インディアンたちは、独特の混合した移行状態にあります。彼らは、もはやけっして、ただ獲物を捕まえるだけの、本当の意味で原始的な人たちではありません。彼らにとって、さらなる将来に向けての行動が存在しないわけではないからです。かといって、彼らは、技術によって安定した生活を送るヨーロッパ人のように、将来の結果を、法則にしたがって有機的にないしは機械的に生じるものとして待ちうけるわけでもありません。彼らは、呪術とロゴスとのちょうど中間に立っています。彼らが自分の置かれている状況を理解するための道具は、象徴です。獲物を捕まえるだけの人間と思考する人間とのあいだには、象徴によって結びつけをおこなう人間がいます。そして、この象徴により思考し行動するという段階について、プエブロ・インディアンたちの舞踊は、いくつかの実例を提供してくれているように思われるのです。

アンテロープ舞踊

サンイルデフォンソ★20でアンテロープ★21の舞踊を見ることができたとき、わたしは、最初のうちは、まことに無邪気でほとんど喜劇的だとの印象をいだきました。人間の文化的表現の根底を生物学的に探求しようとする民俗学者にとって、大衆的で喜劇的に見える風俗を見て笑うとき以上に危険な瞬間はありません。民俗研究において喜劇的なものを嘲笑する人はまちがっています。その同じ瞬間に、その人からは悲劇的な要素への洞察が閉ざされてしまうからです。

サンイルデフォンソは、すでに早くからアメリカの影響を受けてきたプエブロ集落で、サンタフェからそれほど遠くないところに位置しています［スライド19・20・21・22］。このサンイルデフォンソにインディアンたちが踊りのために集まってきました。まず準備ができたのは音楽でした。大きな太鼓がひとつ準備されています。スライド21で、音楽家たちがそこに立っているようすがご覧になれるでしょうか。その後には、馬に乗ったメキシコ人たちがいます。次に、踊り手たちが二列に平行して並んで、仮面や身振りでアンテロープの配役を引き受けました。二列に並んだこれらの踊り手たちは、二つのまったく別の種類の動きをします。この動物の歩き方を模倣しているものもいますが、前足、つまり羽根を巻きつけた小さな杖で体を支えて、その場に止まってそれを使ってさまざまな動きをして見せるものもいました。それぞれの列の先頭には、女性の人形と男性の狩人がいました。この女性の人形につきましては、それが「百獣の母」☆3と呼ばれるものだということだけがわかっただけです。動物のまねをしている狩人のほうは、祈願するようなようすで、この人形のほうを向いています。

狩猟と狩猟動物の模倣

狩猟の舞踊においては、動物の仮面のなかに人が忍びこみ、その動物の捕獲の動作を模倣します。この動作が続くうちは、動物は、いわばあらかじめ捕獲されているのです。このような措置を、たんなる遊びとみなすわけにはいきません。未開人にとって、仮面舞踊は、人間であることをはるかに超えたものとの結びつきの過程のなかで、自分ではないひとつの存在のもとに全面的に支配されることを意味します。インディアンは、模倣的な仮面や衣装を身につけるだけではなく、泣き声や動きでも動物を模倣します。そうすることで、その動物のなかにわが身を忍びこませるのです。面白いからそうするわけではありません。インディアンは、人格を変えることで、人間という広がることも変化することもない人格ではとても手に入れることなどできそうもないものを、自然のなかから呪術的に引きだそうとしているのです。

このように、パントマイム的な動物舞踊における模倣行動は、熱心な祈りによる忘我を通して、ある他者の存在に身をゆだねる礼拝行為だということができるでしょう。仮面舞踊は、いわゆる未開の諸民族においては、その根源的な本質から言えば、その社会の敬虔さを示す文書記録のひとつなのです。

インディアンがその心のなかで動物に対してとる態度は、ヨーロッパ人とはまったく異なっています。インディアンは、動物をひとつ上の存在とみなしています。というのも、動物は、その動物性という点で一貫性をもっており、そのため、ひ弱な人間に比べてはるかにすぐれた能力をもつ存在だと考えられているからです。

動物に変身しようとする意志の心理学については、今回の旅行に出かけるまえにすでに、インディアンたちの心への洞察を手に入れようとする戦いにおける先駆者であると同時に老練な強者でもあるフランク・ハミルトン・クッシング[★22]（図6）から、以上のような——わたし個人にとっては圧倒的で新しい——知識を得ていました。頭に赤毛がわずかに残る年齢不詳のこの痘痕面の男は、煙草の煙を吹きだしながら次のようにわたしに語ってくれました。それによると、人間が動物よりも高い位置に立たなければならない理由について、一人のインディアンが彼に語りかけてきたことがあるそうです。「アンテロープを見てごらん。あれは走ること以外のなにものでもない。人間よりもはるかに上手に走る。あるいは、熊を見てごらん。熊は完全に力そのものだ。人間にできるのはごく一部にすぎない。動物には、それがそれであるところの全部ができる」。お伽噺のようなこの思考法は、それがどれほど奇妙に

蛇儀礼——北アメリカ、アリゾナ、イェロ・イシテイヴァ居住地域からのイメージ　ウォールブルック著作集7

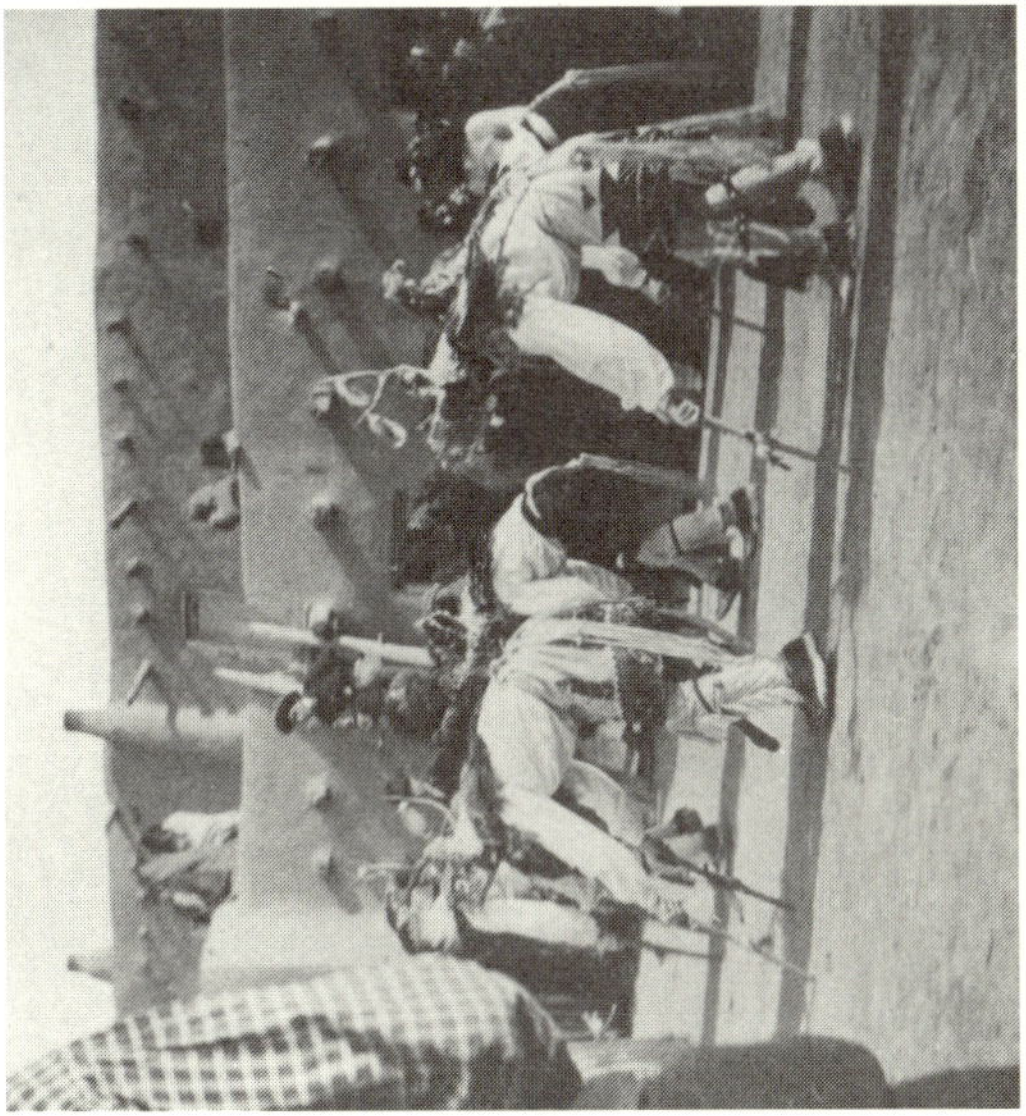

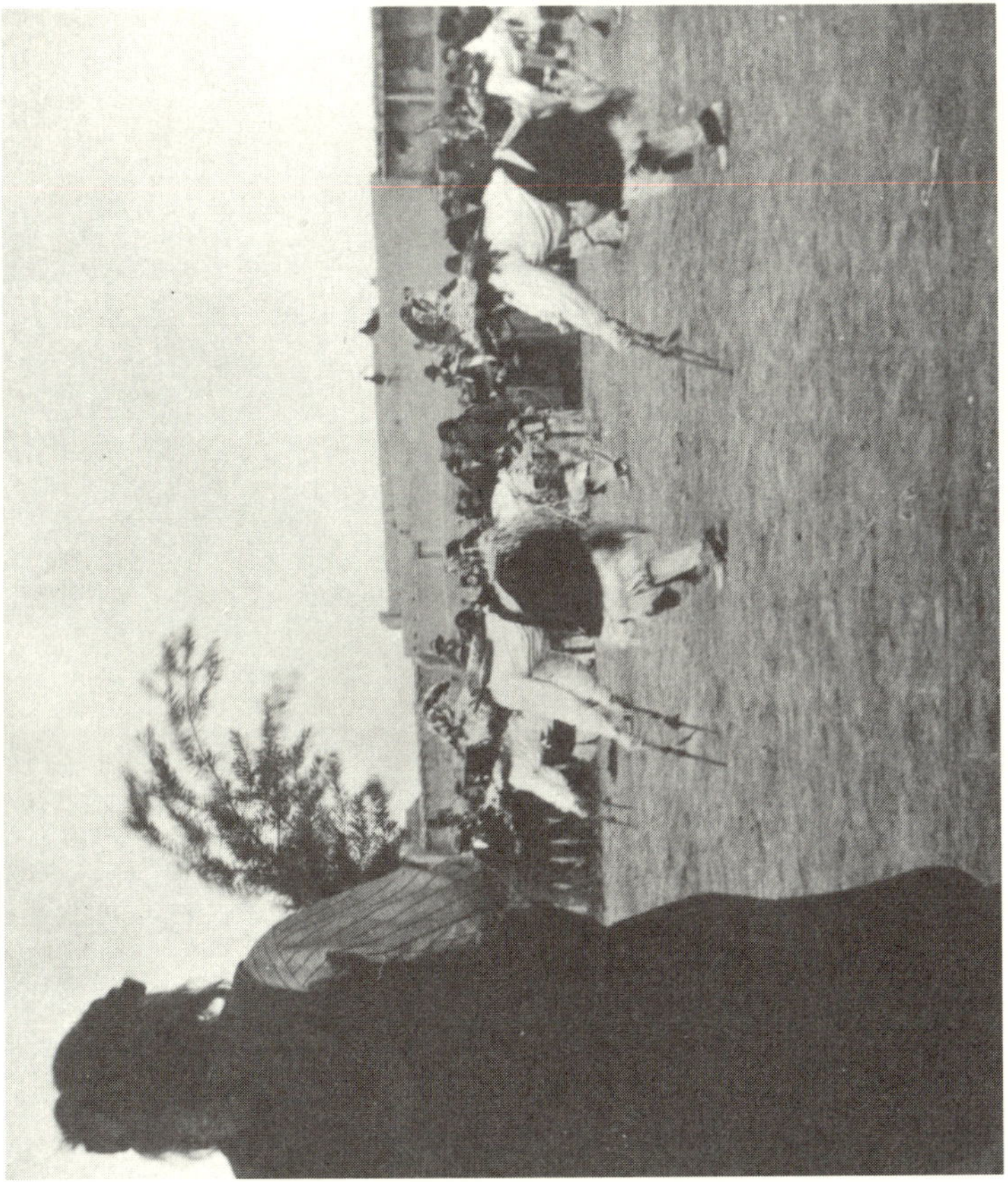

スライド19（右上）——アンテロープ舞踊 I
スライド20（右下）——アンテロープ舞踊 II
スライド21（上）——アンテロープ舞踊 III
スライド22（下）——アンテロープ舞踊 IV

図6——フランク・ハミルトン・クッシング

聞こえるとしても、世界についてのわたしたちの自然科学的で遺伝学的な説明の前段階なのです。というのも、このキリスト教以前のインディアンたちは、全世界の異教徒たちがそうであるように、トーテミズムと呼ばれる敬虔な畏れから動物たちとの強い関係を結んでいます。彼らは、あらゆる種類の動物が、それぞれの一族の神話上の祖先であると信じているのです。このようにして彼らは、世界を人為的な連関で説明します。その方式は、ダーウィニズム[★23]とそれほど変わっているわけではありません。というのも、わたしたちは、自然の自律的進化のプロセスそのもののなかに法則性を読みとるわけですが、異教徒たちは、このプロセスを動物の世界に任意に結びつけることで説明を試みているわけです。これらのいわゆる未開の人たちの生活を規定しているのは、もしこう言ってよければ、神話のなかで淘汰［選択］される類縁関係にもとづくダーウィニズムなのです。

3　樹木崇拝の舞踊——オライビ

狩猟の舞踊から農耕の舞踊へ

サンイルデフォンソに狩猟舞踊の形態が生き残っていることは一目でわかります。しかし、アンテロープは、すでにそこでは三世代もまえに絶滅していました。したがって、おそらく考えられるのは、ここでは、アンテロープの舞踊のなかに、苗の生長を祈ることを使命とする純粋に精霊的なカチーナ舞踊へのある種の移行段階を見てとることができるということではないでしょうか。というのも、たとえばオライビ[★24]には今日でもなおアンテロープのクラン［氏族］が実在していて、彼らは雷雨の天候をもたらす呪術を主たる使命にしているからです。

動物を模倣する舞踊は、狩猟文化における模倣の呪術とみなさなければなりません。一方、カチーナ舞踊のほうは、毎年定期的に反復される農民たちの祭礼に属するものであって、その性格を異にしています。ただし、この性格は、ヨーロッパ文化の影響が認められる場所からははるかに離れたところでしか完全にその独自の姿を現わすことはありません。カチーナの仮面舞踊は呪術による礼拝であり、生きものが住めない過酷な自然に対する願望をこめて踊られます。その仮面舞踊が、いささかなりとも太古のままの状態で観察できるのは、鉄道がまだ開通していないところで、モキの集落の場合がそうですが、カトリック教会の影響がその表面的な姿さえも存在しないようなところにかぎられるのです。

これらのカチーナに対して、子どもたちは深い畏怖の念を感じるように教えこまれています。どの子どもも、カチーナのことを、超自然的で恐ろしい存在だと信じているのです。したがって、子どもにカチーナの本性が解き明かされる瞬間、つまり子どもが仮面舞踊者集団への加入が許される瞬間は、インディアンたちが子どもを教育していくなかで最も重要な転回点になるわけです。

オライビへ

オライビはこれらの集落のうちでは最も西のはずれにあります。この岩山集落の市場の広場でおこなわれるいわゆるフミスカチーナ舞踊のひとつを、わたしは幸運な偶然のおかげで観察することができました。ここでわたしが見ることができたのは、生きた本物の仮面舞踊者たちでした。そのまえにわたしは、まさにこのオライビのなかの、とある部屋のなかで、人形という形で彼らを見ていたのですが、本物を見るのははじめてだったのです。

オライビにたどりつくために、わたしはまず、鉄道の駅があるホルブルックから小さな馬車で丸二日間の旅をしなければなりませんでした［スライド23・24］。馬車は、いわゆるバギー［軽装四輪馬車］と呼ばれるもので、きゃしゃな車輪が四つ付いているだけのものですが、この馬車を使えば、エニシダしか生えていない砂漠の砂のなかを前進していくことができるのです。御者のフランク・アレンはモルモン教徒で、この地域に滞在中は彼がずっとわたしを連れていってくれました。オライビへの途中、わたしたちは、非常に強烈な砂嵐に見舞われ（図7）、そのために轍の跡が完全に消え去ってしまいました。轍の跡は、道もない大草原では方向を知るための唯一の手がかりなのです。しかし、わたしたちは、幸いにも二日間の旅行のあとにキームズ・キャニオン[★25]に到着し、そこで親切なアイルランド人のキーム氏からの歓待を受けることができました（図8）。

岩山集落に向かう本当の意味での旅を始めることができたのは、そこからです（スライド25・図9）。この集落は、北から南へと平行に並ぶ三つの卓状山地の上に位置しています。

わたしが何よりもまず最初に訪れたのは、あの不思議なワルピ[★26]でした（スライド26・図10）。この階段型家屋の集落は、まるで岩の上に岩の塔を積みあげたように岩の突起の先端にロマンティックに載っています。高い岩の上には狭い小道があって、集まっている多くの家の傍らを走っています。写真からおわかりのように、この岩山は、家々とともに、荒涼としたなかにも厳粛なようすで、世界のなかへとそびえ立っています。

さて、わたしがフミスカチーナ舞踊を見ることができたオライビは、全体の眺めという点ではワルピによく似ています［スライド27・28］。頂上には、この岩山集落の市場である広場がありました。山羊を連れた盲目の老人が座っています。ここに舞踊のための場所がちょうどしつらえられていたのです。このフミスカチーナ舞踊は、玉蜀黍の成長を祈る踊りです。実際に舞踊がおこなわれる前夜、わたしはキヴァに入ってみました。このキヴァでは、秘密の儀式がおこなわれることになっています。そこには、物神崇拝のための祭壇は存在していません。インディアンたちは、ただそこに座って儀式的に煙草を吸っているだけです。ときどき上方から二本の茶色い足がはしごを降りてきて、それが完全な人の姿に変わっていきました。

若者たちは、翌日使用する仮面に彩色をする作業に没頭していました。彼らは、この大きな皮製のヘルメットを何度もくりかえし使います。新調すれば出費がかさみすぎるからです。この彩色作業は、まず若者たちが水を口に含み、皮の仮面に吹きつけ、その上から絵具が刷りこまれるというかたちで進行していました。

翌朝、見物人たちはすべて、すでに壁の上に集まっていました［スライド29・30］。そこには、子どもたちの集団も二つ含まれていました。インディアンが子どもに対するときの関係は、まったく驚くほどわたしたちの心を惹きつけます。子どもたちは、きわめて穏やかに、しかしきちんとしつけられながら育てられます。ひとたび、子どもた

スライド23――ホルブルック駅（大陸横断鉄道サンタフェ・ルートの最後の停車駅）

スライド24——ヴァールブルクが乗ったバギー

図7――キームズ・キャニオンに向かう途中で砂嵐につかまったヴァールブルク

図8——自宅の前のトーマス・V・キーム

スライド25——キームズ・キャニオンの眺め

図9——メサに近づく

スライド26——ワルピ（イースト・メサ）の眺め

図10——ワルピ（イースト・メサ）の集落

スライド27———オライビ（ウェスト・メサ）の集落

スライド28———中央広場にいた盲目の老人

スライド29——踊りの始まりを待つホピの子どもたち

スライド30——踊りの始まりを待つホピの子どもたち

ちの信頼を得られれば、彼らは打ち解けて親切にしてくれます。この日、子どもたちは、真剣な緊張感に胸をいっぱいに膨らませて広場に集まっていました。というのも、人工の頭部を着けた人間は、子どもたちに恐怖心を注ぎこむからです。子どもたちは、人形を通してすでに、この仮面が無表情で恐怖をかきたてるものであることを知っているだけに、それはなおさらのことなのです。ひょっとしたら、わたしたちの子どもたちが使う人形も、もとはと言えば、このような精霊であったのかもしれません。

フミスカチーナ舞踊

舞踊は、二〇人から三〇人ほどの男たちによって演じられました。一〇人ほどの女の踊り手もいましたが、これは実は、女の型を表現する男たちによって演じられています［スライド31］。

五人の男が、二列に並んで踊る人形たちの最先端にいます。この舞踊は広場のなかで踊られるわけですが、踊る男たちは、隊形構造上の中心点を意識しています。この中心点にあるのが、石でできたこの小さな構造物です［スライド38］。その前には小さな松が植えられ、羽根で飾られています。これは小さな神殿で、その傍らで仮面舞踊やそれにともなう詠唱を通しての祈願が神のもとに届けられるのです。この小神殿から礼拝の輪は、ご覧いただけますように、明確に外へと広がっていきます。

踊り手の仮面は、正面を斜めに横切る白い筋によって赤い部分と緑の部分に分割されていて、この白い筋には点が三つ付いています（図11・12・13）。この点は、教えてもらったところによれば、雨のしずくだということでした。このヘルメット上にあるすべてのものが象徴的に意味するのも、何よりもまず、雨をもたらすものが描き加えられた階段状の宇宙です。そこからは、半円形の雲と、そこから流れでる雨の線をはっきりと読みとることができるのです。

同様の象徴的な意味は、踊り手たちが体に巻きつけている結び布にも見られます。そこには、白い生地の上に赤と緑の装飾が美しく織りこまれていました。男の踊り手たちは、ガラガラという音の出る楽器を片手にひとつもっています。これは、瓢箪の実を刳りぬいてなかに石を入れたものです。また、膝のまわりには、小石を吊るした亀の甲羅をつけていて、膝からもガラガラという音が聞こえるようになっています［スライド32・33・34・35］。

囃子方《コーラス》は、二つの異なった行為を演じます。女たちが男たちの前に座り、木を叩く音で音楽を演奏するというのがひとつ。そのさい、男たちの踊りの隊形は、一人ひとりが順番に回転して向きを変えていくというものになります。一方、もうひとつは、女たちが立ちあがり、男たちのこの回転運動につき添うというものです。この舞踊儀礼の初めから終わりまで、二人の祭司が、祓い浄めた挽き割り玉蜀黍粉を撒き続けます［スライド36］。

女たちの踊りの衣装は、全身をおおう一枚の布でできていて、この踊り手たちが実は男であるということがわからないようにしてあります。仮面の頭頂部の両側には、プエブロの少女たちに特有の装いである、あの一風変わったアネモネのような髪型が見られます（図14）。仮面から垂れ下がる赤く染められた馬の毛は、雨を象徴的に意味しています。そして、雨を表わす装飾は、女たちの肩掛けや結び布にも見られます。

踊り手たちは、踊っているあいだに、祭司から聖なる挽き割り玉蜀黍粉をふりかけられつづけていました。そのあいだ、踊りの隊形は、先頭部分でつねにあの小神殿につなぎとめられています。踊りは朝から晩まで続きます。途中でインディアンたちは集落から出て、突きだした岩棚のところでしばしの休憩をとっていました［スライド37］。仮面を着けていない踊り手を見たものは死ぬことになっています。

アニミズム的な樹木信仰による玉蜀黍の成長祈願

小神殿は、さまざまな舞踊の隊形が実際に依拠する準拠点になっています。それは一本の小さな木で、羽根で飾られています。これは、ナクァクォシ（Nakwakwoci）と呼ばれているものです。わたしが驚いたのは、それが本当に小さいということでした。わたしは、広場の端に座っていた年長の首長のところにいって、なぜこの木がこれほど

スライド31———フミスカチーナ舞踊 I　小神殿の前での停止する５人の男

図11———仮面をつけるヴァールブルク

図12（上）——カチーナ仮面　ハンブルク民族学博物館
図13（下）——ヴァールブルクによるカチーナ仮面の素描

スライド32——フミスカチーナ舞踊II　踊りの開始　座る「女」の踊り手たち

図14——ホピの既婚の女、未婚の女、少女

スライド33——フミスカチーナ舞踊Ⅲ　前方に進む「女」たち

スライド34——フミスカチーナ舞踊 Ⅳ　男たちの回転運動

スライド35――フミスカチーナ舞踊Ⅴ　男たちと「女」たちの回転運動

スライド36――フミスカチーナ舞踊Ⅵ　聖なるひき割り粉を振り撒く祭司

スライド37———フミスカチーナ舞踊 VII　休息する踊り手たち

までに小さいのかを尋ねてみました。それに対する彼の答えは次のとおりです。すなわち、われわれは昔は一本の大きな木をもっていた。しかし、今のわれわれは小さい木を選んだ。なぜなら、子どもの魂は純粋だからだ［スライド38・39］。

これは、完全にアニミズム的な樹木信仰の世界です。この信仰が先住民族たちのあいだにあまねく見られる人間的な宗教的思考だということは、マンハルト★27の著作によって知られています。この思考は、ヨーロッパでは、キリスト教以前の世界に始まり、今日の収穫感謝の習慣のなかに生き残っています。ここで問題になっているのは、自然の力と人間とのあいだを結びつけること、つまり両者を結びつける象徴を生みだすことです。これは、そのような統合を実際になしとげるまさに呪術的行為なのだと言っていいでしょう。この行為は、仲介者として、この場合には一本の木を選んで派遣します。木は、土のなかに根を伸ばしているため、人間よりも大地に近い位置にいるからです。この木は、地下の世界へといたるために自然から与えられた仲介者なのです。翌日になると、羽根はとりはずされて、木は谷間のとある泉に運ばれ、そこに植えられるか、あるいは供物として奉納されます。これらは、玉蜀黍が高く太くなるようにという豊穣の祈りが通じるようにするためにおこなわれることなのです。

コロスとサテュロス

午後遅くなって、踊り手たちは真剣でたゆむことのない祭礼を再開しました。単調な踊りの動きが再び演じられます。しかし、わたしたちは、太陽が沈もうとするころになって、驚くべきものを目にすることができました。この対照的な光景が演じられたことで異論の余地なく明確に示されたことですが、ここでは、厳粛で静かな落着きが支配することで、原始的な人間性の根源のなかから呪術的な礼拝形態が引きだされています。それに比べると、このような儀式のなかに精神化の要素だけしか見ようとしないわたしたちの一面的な傾向は、貧しく、そして偏った説明方法であるように見えてこざるをえません。

スライド38——フミスカチーナ舞踊VIII
小神殿（奥に座って舞踊を見ているヴァールブルク）

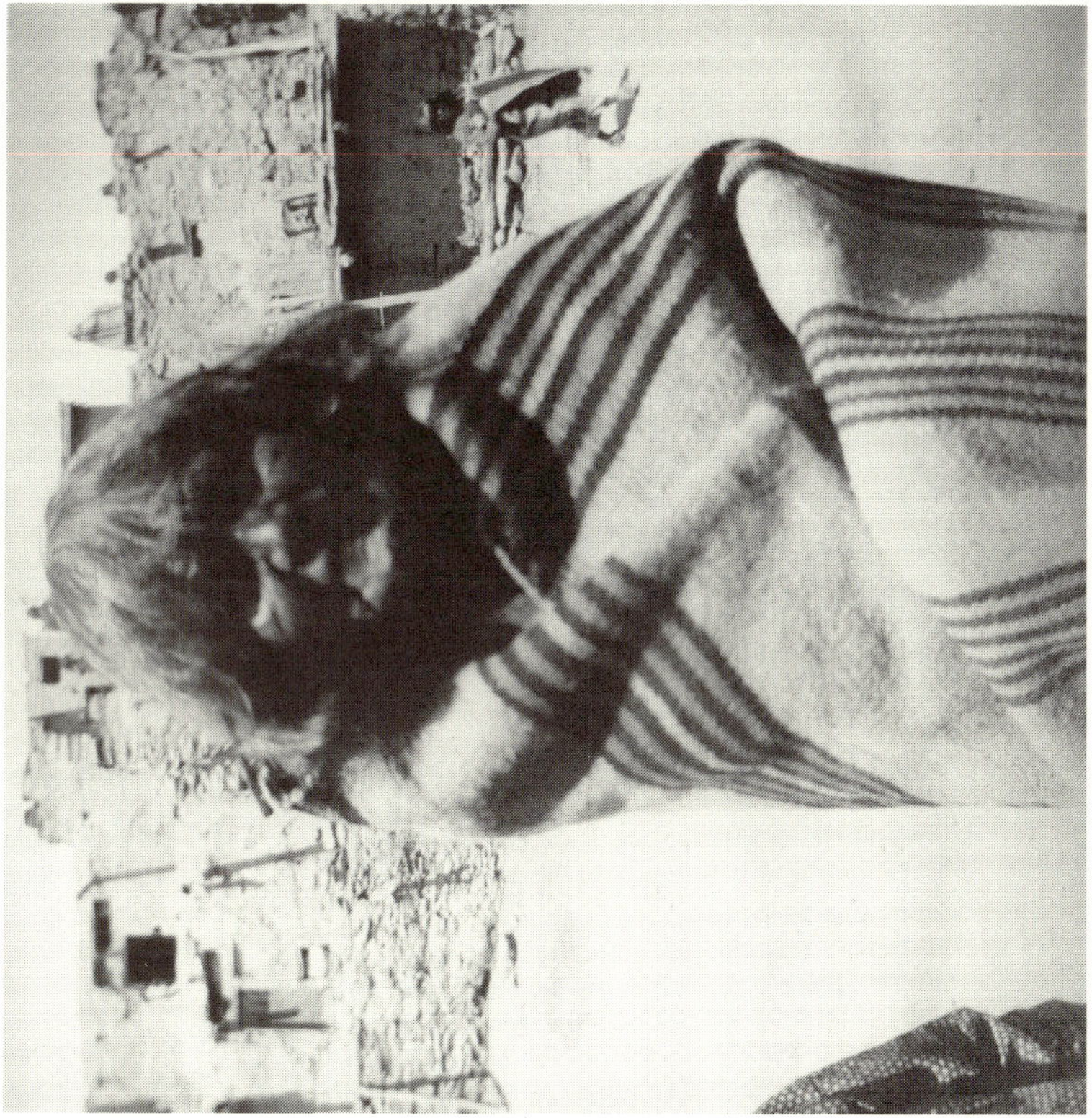

スライド39——フミスカチーナ舞踊を指揮する首長

図15——フミスカチーナ舞踊に登場した道化

人物が六人出てきました。三人は、黄色い粘土を塗られてほとんど何も着ていない男で、髪を角のかたちに巻きあげています。彼らは、一枚の前垂れを身に着けているだけでした。続いて、女装した三人の男が登場します。彼らは、囃子方が司祭とともに絶えることない静かな祈りのなかで踊りの動きを続けているその傍らで、囃子方の動きに対してことのほか野卑で猥褻な冷やかしを演じます。ただ、そのことを笑う人は誰もいません。この道化（図15）による野卑な冷やかしを、コミカルな嘲笑と受けとってはいけません。それはむしろ、一年が豊穣な年であることを確実にするために大騒ぎをするという、ある種の、側面からの支援と受けとるべきものなのです。

古代の悲劇について少しでも知識をもつものなら、この踊りのなかに、悲劇を演じるコロスとそれに対するサテュロスの演技との二重性が「一本の枝に接木されている」のを見てとることができるでしょう。ここでは、自然の生成と消滅が、人の形をした象徴のなかで姿を現わしています。しかも、それは素描に描かれているのではなく、実際に劇という形式で次々と体験される呪術的な舞踊のなかでの出来事なのです。

4　生きた蛇とともに踊る舞踊——ワルピ

動物舞踊と豊穣祈願

神性の実体のなかにわが身を滑りこませて、その超人間的な力に与ろうとする呪術の本質は、メキシコ人たちの祭式が、そのおぞましくも劇的な形態のうちに示しています。ある祭礼では、玉蜀黍の女神として登場した女が、四〇日間女神として崇められたのちに、生贄にされます。そして、この哀れな人間の膚のなかに祭司が滑りこんで皮を身にまとうのです。

神性に近づこうとするこのように最も原始的で狂気じみた試みに比べれば、わたしたちがプエブロで目にすることができるもののすべては、根本で似通っているとしても、計り知れないほど洗練されたものです。もっとも、血が滴ったその祭礼の根元から今なお密かに樹液が上昇していないという保証はありません。つまるところ、プエブロの人々を支えているのと同じその大地の上で、粗暴な遊牧インディアンたちは残忍な戦闘の舞踊を踊り、その最高潮において敵を苦痛にさらしたうえで殺してきたのです。

動物の世界を通じて呪術的に自然へと近づこうとする試みが最高度に高揚した姿は、モキ・インディアンたちの場合、オライビとワルピでおこなわれる、生きた蛇を用いた舞踊に見てとることができます。わたし自身は、この踊りを見てはいません。しかし、それでも、ここで何枚かの写真をご覧いただければ、ワルピでおこなわれている、このあらゆる儀式のうちでも最も異教的な舞踊がどのようなものかを思い浮かべていただくことができるのではないかと思います。この踊りは、動物舞踊であると同時に、季節的な祭礼の舞踊でもあります。このワルピでの踊りのなかでは、サンイルデフォンソで見た個々の動物舞踊と、さらにはオライビで見たフミスカチーナ舞踊の呪術的な個々の豊穣祈願の舞踊とが、最高度に高揚した表現のなかでひとつに重なりあっているのです。つまり、この地では八月に雷雨があるかどうかがその年の収穫がどのようなものになるかを完全に決めてしまうわけですから、その八月に、オライビとワルピで毎年交互に、生きた蛇を使った舞踊を踊ることで、救いをもたらす雷雨がやってくるように祈願をするわけです。

サンイルデフォンソでは、踊りのなかでアンテロープの姿が模倣されているのを見ることができるだけでした。少なくとも加入を許されない部外者にとってはそうです。また、オライビの玉蜀黍の舞踊にしても、踊り手が扮する玉蜀黍の精霊は、仮面を通して表現されるにすぎません。これらに対して、ここワルピでは、呪術による祈願の舞踊の、はるかに原始的な段階を見いだすことができるのです。

つまり、ここでは、踊り手とこの生きた動物とが呪術的な統一体を形成するようすがいまだに見られます。しかも、驚くべきことは、インディアンたちが、これらの一連の舞踊儀式のなかで、あらゆる動物のうちでも最も危険な動物であるガラガラ蛇とのつきあい方を熟知しているということです。その結果、暴力に訴えなくても、蛇はよく慣れていて、蛇たちは自発的に、あるいは少なくとも刺激さえしなければ、その猛毒獣としての特性を行使することなく、何日も続く儀式に参加しています。これがもしヨーロッパの人の手のもとにおこなわれたとしたら、まちがいなく大惨事を招くことになるでしょう。

トーテム信仰による蛇への代願

蛇祭りにさいして協力者を出すのは、モキの集落に住む二つのクラン［氏族］、つまりアンテロープ・クランと蛇クランです。この二つのクランは、トーテム信仰にもとづく言い伝えにより、この二つの動物に結びつけられています。

この地ではトーテミズムが今なお現実のものとして信じられています。そのことは、次のことからも明らかです。すなわち、ここでは、人間がたんに動物の仮面をかぶって登場するだけではありません。そうではなく、ここで人間は、最も危険な動物である生きている蛇とともに礼拝行為をしているのです。このように、ワルピでおこなわれている蛇の儀式は、しぐさをなぞる模倣的感情移入と血なまぐさい生贄行為との中間に位置すると言えましょう。そこでは動物は模倣されるのではなく、極端にも動物自身が共演者として礼拝に参加します。しかも、動物は生贄にされるわけではありません。動物は、あのバホ（Baho）と同じように、雨への願いを人間にかわって伝えるものとして登場するのです。

つまりワルピの蛇舞踊は、蛇そのものに代願を強制する行為なのです。蛇たちは、雨が降ってもらわなければならない八月に、一六日間続く儀式のために砂漠地帯で生け捕りにされます。蛇たちは、キヴァと呼ばれる地下室のなかで蛇クランとアンテロープ・クランの首長の世話を受けながら、いくつかの風変わりな儀式に参加させられます。なかでも最も重要で白人たちには最も異様に見える役割を演じるのが、蛇洗いの儀式です。ここで蛇は秘儀にはじめて参加する新参者のように扱われます。つまり、抵抗しようがしまいが、ありとあらゆる薬を含ませた聖水に頭を浸されるのです。

図17——キヴァに描かれた砂絵　蛇の形をした稲妻

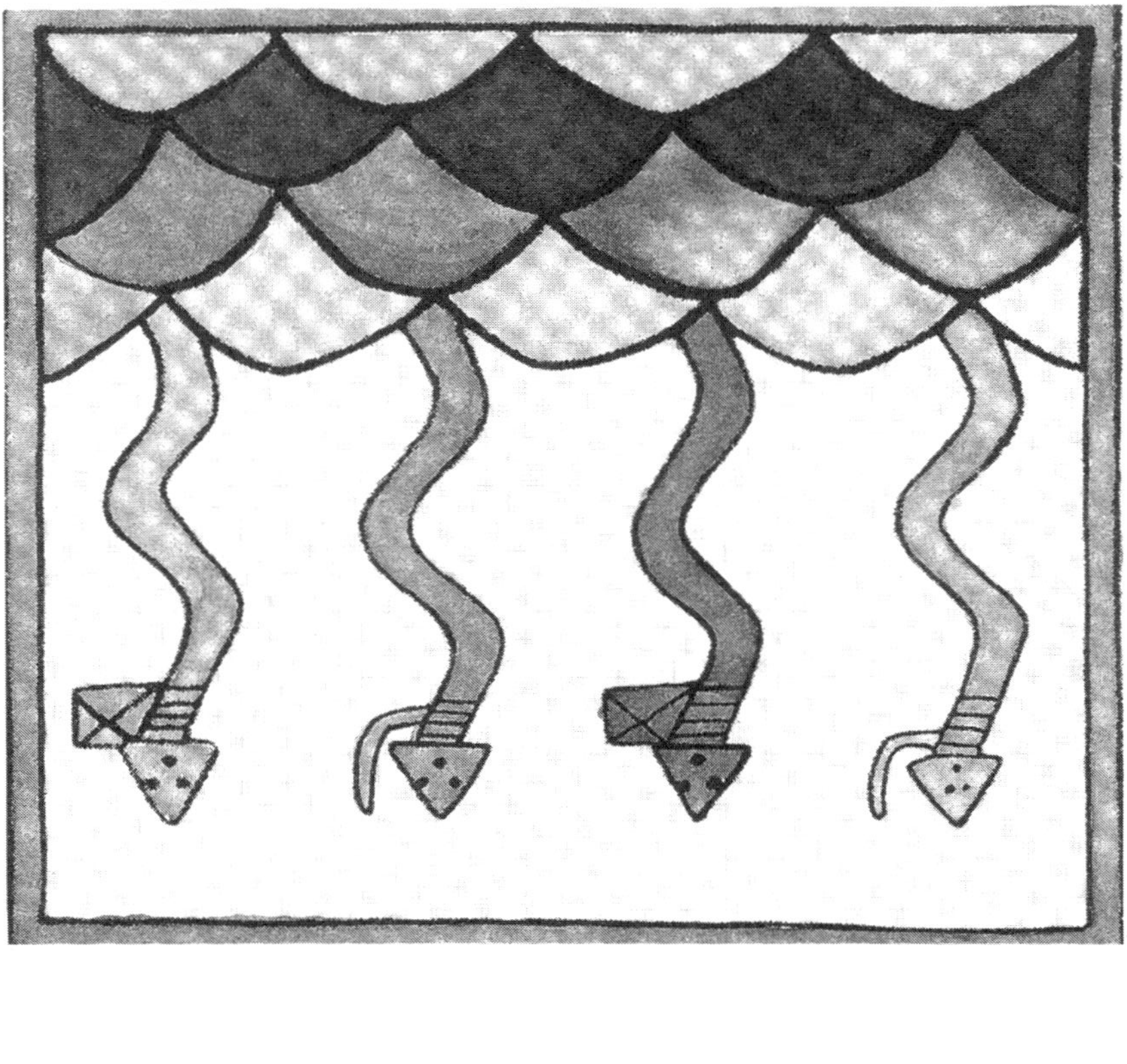

図16——キヴァに描かれた砂絵　四匹の蛇と物神

続いて、蛇たちは、キヴァの床に描かれた一枚の砂絵の上に放されます。そこには、四匹の稲妻型の蛇と、それらに囲まれた一匹の四足獣が描かれています（図16）。また別のキヴァでは、砂の上に雲がたくさん描かれていて、そこから四本のそれぞれ色の異なる稲妻が、蛇のかたちをして天の方向から下へ延びています（図17）。第一の砂絵の場合、そのうえに蛇は勢いをつけて投げこまれるので、図柄は読みとれなくなり、蛇も砂にもぐりこむかたちになります。

まさにこのようにして呪術的に投げこまれることによって、蛇たちは、稲妻をもたらすもの、ないしは水を生みだすものとしての働きをするようになるのだということをわたしは確信しました。

以上が儀式の全体の意味だということは、まちがいなく明らかです。そして、それに続く諸儀式が証明しているように、このような洗礼を受けた蛇は、インディアンたちとの共同作業に容赦なく参加させられて、雨を刺激し、雨が降るように人間にかわって祈願することになります。この蛇たちは、動物の形をした生きている聖人としての雨蛇なのです［スライド40・41］。

蛇たちの大多数はまぎれもなくガラガラ蛇です。すでに確認されているように、毒牙がとりのぞかれているわけではありません。これらの蛇はキヴァで大切に飼われ、祭礼の最終日には、周りを帯で囲んだある茂みのなかに閉じこめられます。

儀式は、次のようにして最高潮に達します。すなわち、この茂みに近づき、生きた蛇をつかまえて体にもち、そして、その蛇を使者として草原に放つという順序です。アメリカの研究者たちはこの蛇つかみのことを、信じられないほど刺激的な行為として描写していました。この行為は、おおよそ次のようなしかたで実行されます。

三人一組の集団がこの蛇の茂みに近づきます。蛇クランの大司祭が一匹の蛇を茂みからとりだします。顔に絵具を塗り刺青をして背中には狐の毛皮を掛けた一人のインディアンがこの蛇をつかんで口にくわえます。もう一人の同伴者は、この男の肩をつかみながら、羽根のついた棒を振り回して蛇の注意をそらしています。第三の男は見張

スライド40——生きた蛇を使った舞踊I

スライド41（上）——生きた蛇を使った舞踊Ⅱ
スライド42（左上）——生きた蛇を使った舞踊Ⅲ
スライド43（左下）——生きた蛇を使った舞踊Ⅳ

蛇儀礼——北アメリカ、プエブロ・インディアン居住地域からのイメージ

り人で、口から蛇が滑り落ちた場合にそれを捕まえる役です。踊りは、ワルピにあるこの狭い広場で、三〇分を少し越えるくらいの時間で演じられます。すべての蛇が、このようにしてこの時間のあいだに、ガラガラという音に合わせて外に出されていきます。インディアンたちは、ガラガラという音の出る楽器や膝につけた、小石を結びつけた亀の甲羅を使ってこの音を出すのです。そして、踊り手たちによってすべての蛇は稲妻のように速やかに草原に連れていかれ、姿が見えなくなります［スライド42・43］。

ティヨの物語

ワルピの人たちのあいだに伝わる神話についてわたしたちが知りえたところによれば、このような信仰形態は、まちがいなく宇宙論的な祖先伝説にまでさかのぼるものです。ある伝説では、ティヨ[★28] (Tiyo) という英雄についての物語が語られています。それによれば、ティヨは、これほどまでに熱望されている水をたたえた源泉を求めて、それがあるとされる地下の世界への旅を試みました。このときティヨは、地底の国王たちのさまざまなキヴァを通過していきます。ティヨには、一匹の小さな蜘蛛女がつかずはなれず付き添っていました。この蜘蛛女は、ティヨの右耳の上にこっそりとまっていて、ティヨに道を教えるのです。彼女は、いわばインディアンの世界におけるウェルギリウスです。ウェルギリウスも地下の冥府を旅するダンテの案内役でした。さて、ティヨはついに東と西の二つの太陽の家を通り過ぎて、偉大なる蛇のキヴァのなかにたどりつきます。ティヨはそこで、雷雨をもたらす魔法の「バホ」を授かるのです。伝説によれば、ティヨは、二人の若い蛇女を連れてこのバホをもち帰りました。ティヨとこの二人の蛇女とのあいだには子どもたちが生まれます。しかし、その子どもたちは蛇の形姿をした、まことに危険な生きものでした。この蛇たちのために、一族は彼らが住む場所の移動を余儀なくされてしまいます。このような伝説に基づいて、蛇は、雷雨の神であると同時に、クランの移住を引き起こしたトーテムとして、この神話のなかに織りこまれているのです。

このワルピの蛇舞踊では、蛇は生贄にされるのではありません。蛇は、ただ祓い清められ、暗示を含む擬態の踊りを通してその姿を使者に変えられて送りだされます。その使命は、死者の魂のもとに戻り、その稲妻形の形態により天空から雷雨をもたらすことなのです。以上のことから認識されますように、神話と呪術の風習とは、未開人たちのもとでは相互に深く浸透しあっているのです。

5　ヨーロッパ文明のなかの蛇

古代の悲劇的ペシミズム

以上のようなインディアンたちの宗教的呪術に見られる最も初歩的な感情発散形式のことを、まさに原始的な未開人だけに特有の性質だとみなして、それについてヨーロッパの人々が何のかかわりもないと考えるのは、専門家でなければごく自然なことかもしれません。しかし、実は二〇〇〇年まえに、まさにわたしたちのヨーロッパ的教養が誕生した国であるギリシアにおいても、その粗野さと異常さの点でインディアンたちのもとで見られるものをはるかにしのぐような祭礼の習慣が広くおこなわれていたのです。

たとえば、ディオニュソスの熱狂的な祭儀において、マイナデス★29は蛇を手にして踊っていました。彼女たちの頭には、ダイアデム[髪飾り]として生きた蛇が巻きついてもいます。あるいは、もう一方の手には、苦行のような生贄の踊りのなかで祭神に捧げるために八つ裂きにされる動物をもつこともあります。この狂気のなかの血なまぐさい生贄の儀式は、今日のモキ・インディアンたちの舞踊とは対照的なことですが、マイナデスの宗教舞踊の頂点であると同時にその本来的な意図ともなっていました（図18）。

血にまみれたこの生贄儀式からの救済は、内面に秘められた浄化の理想として、東洋から西洋へといたる宗教の発展史のなかに広く見られます。そして、蛇は、宗教におけるこの昇華[純化]の過程にかかわりをもつのです。蛇との関係は、物神崇拝から純粋な救済宗教へと変化していく信仰の純度を計る測定器になると言ってもいいでしょ

図18——新アッティカ浮彫りのひとつに描かれている〈踊るマイナデス〉パリ　ルーヴル美術館

スライド44——《ラオコオン》紀元後一世紀
ローマ　ヴァティカン美術館

う。旧約聖書では、蛇の姿をもつバビロンの原初母神ティアマト★[30]がそうであるように、蛇は、邪悪さと誘惑の精霊となっていました。ギリシアでも、蛇は情け容赦なくすべてを呑みこむ冥界の生きものでした。復讐の女神エリニュス★[31]たちの髪には蛇が巻きついています。そして、神々は、罰を与えるさいに、ときおり蛇そのものを死刑執行人として遣わすことがよくあります。すべてを滅ぼす冥界からの暴力として蛇をとらえる考え方は、神話や彫刻の《ラオコオン群像》のなかでは、このうえなく強力な悲劇的象徴になっています［スライド44］。神官ラオコオンとその息子たちに対するギリシアの神々の復讐は、絞殺者としての蛇によって実行されました★[32]。その姿は古代の有名な群像彫刻において表現され、そこでは人間に与えられた最高度の苦痛が明確に具体化されています。ギリシア人たちの謀略に対抗しようとして警告を発し、民衆の味方になろうとしたこの予言する神官は、トロイに敵対する神々による復讐の手のもとにおちてしまいました。このようにして、この父と息子の死は古代における受難の象徴になりました。彼らの死は、正義も救済の希望もないままに精霊たちによって実行される復讐の結果なのです。ここにあるのは、古代の絶望的で悲劇的なペシミズムにほかなりません。

救済の神アスクレピオス

古代には、このようなペシミズム的世界観における精霊としての蛇とは対照的な、神としての蛇も存在していました。そして喜ばしいことに、人間にとって好ましく理想化された古典的な美がここでついに登場することになったわけです。たとえば、古代の癒やしの神であったアスクレピオス★[33]は、象徴として、その癒やしの杖に巻きつく蛇をともなっていました（図19）。彼の容貌は、古典古代の彫塑芸術において世界の救世主に与えられる容貌となっています。

そしてこの、亡き魂たちをも呼び戻す、このうえなく崇高で穏やかな古代の神は、その根を、蛇たちが生息する地下の王国に下ろしているのです。アスクレピオスは、その最も早い時期には、蛇の形姿で崇拝されていました。彼の杖のまわりに巻きついているのは、実は彼自身なのです。つまり、ここにいるのは、今は亡き彼の魂であって、それが蛇の形姿をとって生き長らえ、再び姿を現わしているのです。実際蛇は、クッシングの話に出てくるインディアンなら言うかもしれないように、今にも飛びかかって、あるいはもうすでに飛びかかり終わって、容赦なく命を奪う致命的な咬み傷をもたらすだけではありません。蛇は、体が皮膚を脱ぐようにして脱皮します。つまり蛇は、自分自身が体の外皮のなかから抜けでていくようにして、再び新たに生き延びていくのです。また蛇は、地面の下にもぐりこんで、再び地中から出てくることもできます。死者たちが安らう地中から帰還してくることから、さらには、外皮をそのつど新たにすることができるという点にも結びついて、蛇は不死性や、病気や死の苦しみを超えた再生を表わす最も自然な象徴になっているのです。☆4

小アジアのコス島にあるアスクレピオスの神域★34には、アスクレピオスを人間として美しく表現した神像彫刻があって、彼が手にもつ杖のまわりには蛇が巻きついています。しかし、この神域において、もっと彼らしい、そしてもっと強力な本質は、石に化した死者の仮面のなかにあるわけではありません。実はそれは、この神域の奥深いところで、現実の蛇の形姿で生き残っています。ここで蛇たちは、尊崇を受けながら、えさを与えられ世話をされ、ちょうどモキの人たちが蛇の世話をしていたのと同様の扱いを受けています。

中世の占星術

さらには、わたしがヴァティカン教皇庁図書館所蔵の写本のなかに見つけた、一三世紀にスペインで制作された暦の一葉にも、アスクレピオスが「蠍座」の月の支配者として象徴的に描かれています［スライド45］。そして、ここにも、アスクレピオスを蛇として崇拝するなかで、野卑と洗練の両側面を含むしかたでその力に与ろうとする試みが表現されているのです。この暦では、コス島での祭式のなかからとられた礼拝行為としての諸動作が三〇に分割されて象形文字風にほのめかされています。これは、インディアンたちが蛇たちのもとに近づこうとしたときの

図19——アスクレピオス　ローマ　カピトリーノ美術館

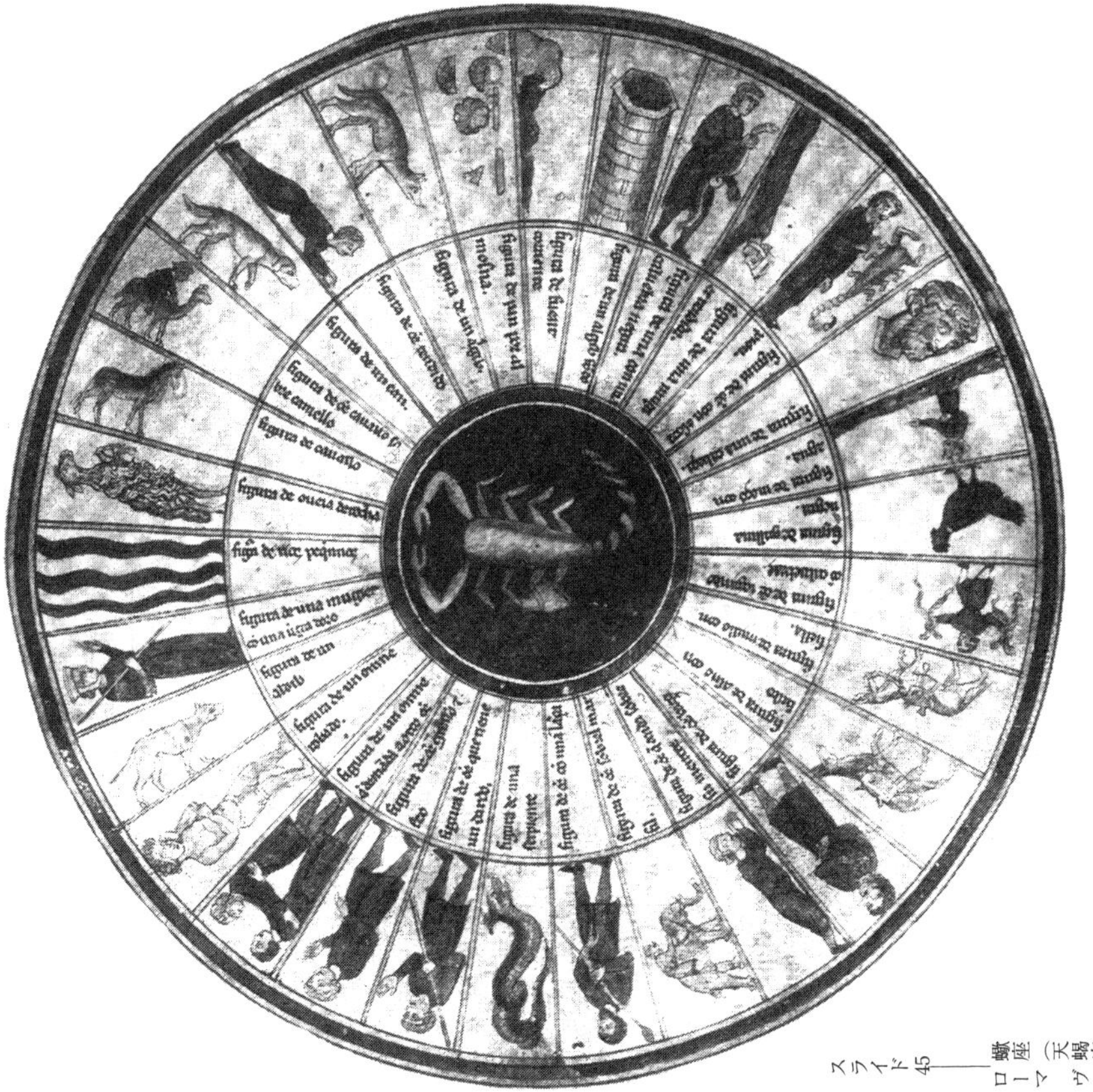

スライド45——蠍座（天蠍宮）のなかのアスクレピオス
ローマ　ヴァティカン教皇庁図書館

極端な呪術的な試みとまったく同一のものです。神殿での眠り[★35]の儀礼や蛇がご覧いただけますでしょうか。蛇は、ここで両手でつかまれたり、泉の神として崇拝されたりしています。

この中世の手稿写本は占星術にもとづくものです。つまり、ここに示されている礼拝の形態は、祈りを実際に捧げるときに守るべき注意事項なのではありません。たしかにはるかな昔ならそういうケースもあったかもしれません。しかし、この時点でここに描かれているものは、天空におけるアスクレピオス像の徴のもとに生まれた人たちのための象形文字となっていたのです。アスクレピオスは、まさに星座の神にまで祀りあげられていました。彼のイメージは、宇宙論的な空想の作用を通して、ある種の変容をこうむっていたのです。その結果、彼は、実在のもの、すぐに影響を受けてしまうもの、地下のもの、下賤なものなどからは完全に切り離されることになりました。恒星神としてのアスクレピオス[★36]［蛇使い座］（図20）は、十二宮の蠍座のすぐ上にいます。彼の体のまわりで蛇が身をくねらせていて、この星座の影響のもとで預言者や医者が生まれるとされました。このようにして星へと祀りあげられることで、蛇の神は、いわばトーテムへと輝かしく変身したのです。アスクレピオスは、この星座がいちばんよく見える月に生まれたものにとっての、宇宙での父親になります。古代の占星術では、数学と呪術とが、まさに重なりあっていました。たとえば、天空では、この他にもうひとつ大きな蛇[★37]［海蛇座］が見られますが、この星座のように、空に見える蛇の形は、数学的な量の測定にも用いられました。空に輝くいくつかの点が地上的なイメージを介してひとつのまとまりとしてとらえられ、この蛇の形を手がかりにしないかぎり、それ以外のしかたではその大きさをとらえることができない無限一般を把握することができるようになったのです。ここで、アスクレピオスは、数学的な限界を示す記号であると同時に、物神の支え手でもあります。このように、理性の時代へ向けての文明の進歩は、手にとることのできるずっしりと充実した生命感が数学的な記号操作の対象へと色あせていくのに比例して進行するのです。

図20――星座図〈蠍座のなかの蛇使い（アスクレピオス）〉
レイデン大学図書館

聖書のなかの偶像崇拝

この蛇儀礼の記憶を伝えるもので、どのような宗教的啓蒙の試みにも逆らいながら原始的な状態のままで破壊されずにいる珍しい実例を、わたしは二〇年ほどまえに、わたしたちの住むドイツ北方のエルベ川のほとりで見つけました。この例もまた、異教の蛇がたどってきた、わたしたちを過去に結びつける道を示しています。

ハンブルク郊外のフィーアランデ[38]にハイキングにいったときのことです。リューディングヴォルト[39]にある、とあるプロテスタント教会で、わたしは、聖障とよばれる間仕切りに聖書の場面が図解されてあるのを見つけました。これは明らかにイタリアの聖書挿絵にもとづくものです。おそらくは、ある遍歴の画家の手によって、ここに迷いこんできてしまったのでしょう。

ここで突然わたしは、ラオコオンが二人の息子とともに蛇に巻きつかれて苦しんでいる場面を見つけてしまいました。なぜ、この教会にラオコオンが描かれているのでしょうか。ここでラオコオンは救われています。しかし、何によって救われているのでしょうか。ラオコオンの前にはアスクレピオスの杖がそびえ立っていて、そこには救済の蛇が巻きついています。つまり、これは、モーセ五書の第四[民数記]に書いてあることに対応しているわけです。すなわち、モーセは荒野でイスラエルの民に命令しました。蛇にかまれた傷を癒やすには、青銅の蛇[40]を造ってそれを見上げよ、と。

ここでわたしたちが目にしているのは、旧約聖書のなかに生き残っている偶像崇拝の残滓のひとつです。とはいえ、わたしたちがよく知っているように、これは、そのような偶像崇拝がエルサレムにもかつて存在していたということを教育的に説明するために挿入された箇所にすぎないのかもしれません。というのも、ここで大切なことは、偶像としての青銅の蛇が、予言者イザヤの影響のもとで王ヒゼキヤ[41]によって破壊されたということだからです。

預言者たちが最も激しい怒りをこめて闘った敵対勢力は、まさに、人間を生贄にして動物を崇める偶像崇拝でした。そして、この闘いが、ごく最近の時代にいたるまでのオリエントやキリスト教世界での宗教改革運動の中核をなしてきました。

蛇の像を造ることは、モーセの十戒★[42]に完全に背反します。それは、宗教改革を推進する預言者たちの本質を構成する偶像敵視の姿勢に最も鋭く対立することになるのです。

初期キリスト教会と蛇

しかし、聖書の内容に精通した専門家たちが、まさにこの蛇以上に敵愾心を燃やす象徴的存在を知らないということには、もうひとつの理由があります。

すなわち、楽園の知恵の木に巻きついている蛇は、邪悪と罪の原因として、聖書に述べられた世界秩序の形成に大きな役割を果たしています。旧約聖書においても新約聖書においても、蛇は楽園の木のもとにいる悪魔的な力の持ち主であり、罪に落ちる人間のこのうえない悲劇とその救済への希望をもたらしているのです。

初期キリスト教会は、異教徒たちの偶像崇拝と戦うなかで、蛇への崇拝に対して比較的妥協のない考え方を貫きました。異教徒たちの目には、パウロは不死身の使者に見えたことでしょう★[43]。パウロは、毒蝮に嚙まれても死ぬどころか、嚙みついた毒蛇を火のなかに投げこむことができました。毒蝮は火に投じられるべきものなのです。

パウロがマルタ島で毒蝮に嚙まれても傷つかなかったという物語がもたらした印象はよほど強かったようです。一六世紀にいたるまで、祭礼や歳の市が開かれるときには、香具師たちが広場で蛇を体に巻きつけて、聖パウロの家からきた者であると大書して、マルタ島の土を蛇に嚙まれたときにつける解毒剤として売っていました（図21）。ここでは、信仰の強さが危害から身を守るという考え方が、迷信による呪術の風習に再び結びついているのです。

中世の神学と予型論

中世の神学においても、奇妙なことに、青銅の蛇の奇跡がある意味では合法的な崇拝として受けとめられていた

図21――ジュリオ・ロマーノ《蛇にかまれたときの薬を売る人》一五二四―三五年頃 マントヴァ パラッツォ・デル・テ

図22——《人間救済の鏡》（Speculum humanae salvationis）からとられた「青銅の蛇」と「磔刑」の場面
ロンドン　大英図書館

のを確認することができます。青銅の蛇の奇跡がキリスト教中世の世界観のなかで生き延びていくときの蛇の扱われ方ほど、この動物への崇拝の根強さを如実に示すものはほかにはありません。実際、中世の神学は、蛇に対するこのような崇拝を、克服すべき課題として強く記憶にとどめてきました。しかし、その結果、まったく偶発的で本来なら旧約聖書の意味や神学には矛盾するこの箇所を典拠にして、蛇崇拝のイメージは、予型論★[44]的なイメージのつながりのなかで、磔刑図そのものにまでもちこまれることになったのです（図22）。ここでは、高く掲げられた青銅の蛇の姿と、このアスクレピオスの杖の前でひざまずく群集のようすが、克服すべきものであるにせよ、救済を求める人類が通過するひとつの前段階としてとらえられ、そのように描かれています。自然の時代から古い戒律の時代、そして恩寵の時代へと三段階を経て進化しようとする人類の努力のなかで、さらに、そのもうひとつまえの段階として考えられていたのが、押しとどめられたイサクの犠牲★[45]の場面であり、それは磔刑の予型とみなされていました。［クロイツリンゲンからも近い］ザーレム★[46]の修道院教会を飾っている彫刻表現のなかにも、この三段階の図式をいまだに見てとることができます。

あるいは、ここクロイツリンゲンの教会においても、このような段階的発展の考え方によって、驚くべき並行関係が見いだされ、それが表現されています。その意味は、神学上の知識が充分でないものにとって、かんたんに理解できるものではありません。というのも、ここでは、有名なオリーヴ山礼拝堂★[47]の天井画に描かれた磔刑図の真上に、この最も異教的な偶像が、《ラオコオン群像》に一歩もひけをとらない情熱をもって崇拝されているのを見いだすことができるからです［スライド46］。

聖書に語られているように、モーセは、民が黄金の雄牛★[48]を崇拝したという理由で掟の板を打ち砕きました。この教会の天井画のなかで、モーセは、まさにこの掟の板との関連のもとで、中央のガラガラ蛇に対する紋章学上の盾持ちの役割を果たすかたちになっています。

《青銅の蛇》
スライド46———オリーヴ山礼拝堂天井画　一九六七年再建
クロイツリンゲン　ザンクト・ウルリヒ・ウント・アーフラ聖堂

6　まとめ

宗教と象徴機能

今日お見せしたプエブロ・インディアンたちの日常生活や祭礼活動を撮った写真が示していますように、彼らの仮面舞踊はけっして幼児的な遊びなどではありません。彼らの仮面舞踊は、物事の由来を問いたずねるという、苦痛に満ちた大いなる問いかけに対する異教徒なりの原初的な回答方式なのです。そのことを皆さま方にお伝えすることができたとすれば、わたしは満足です。自然における事象の経過を把握できないときに、インディアンは、自分自身をそのような事態の原因へとそのまま変身させることで、把握への意志を貫こうとします。本能的に、インディアンは、説明できない結果のかわりに原因を、可能なかぎり最も明確に目に見え触知できる形態で置き換えていきます。その意味で、仮面舞踊は、踊られる因果律なのです。

もし宗教の意味が、結びつけるということにあるとすれば[☆5]、このような原始的な状態からの進歩の徴候は、人間と異種存在との結びつきが精神化を志向しはじめる点に見られることになるでしょう。人間は、しだいに、仮面を着けた象徴に直接自らを一体化させていくことをやめて、原因究明を純粋に思考のかたちでおこなうようになり、言葉で語られる体系的な神話に向けて前進していくのです。祈りに専念しようとする意志は、洗練された形式での仮面の着用にほかなりません。わたしたちが文明における進歩と呼んでいるものとともに、そのような専念を要求する存在は、その恐ろしげな具体性をしだいに失い、最後には、目に見えない精神的な象徴になっていくのです。

つまり、こういうことです。神話学の世界を支配しているのは、いわゆる最小力量の法則[★49]ではありません。神話学の世界では、合法則性を生みだす微小な単位が、自然法則にもとづく事象のなかに求められるわけではないのです。そこではむしろ、不可解な出来事の原因を現実としてしっかりとつかまえるために、精霊の力をいっぱいに詰めこんだ存在が想定されるのです。

わたしたちは、今夜、蛇の象徴機能をめぐってさまざまなものを見てきました。大急ぎの概観ではありましたが、それをご覧いただいたことで、手にとってみてわかる身体的な現実感覚にもとづいた象徴機能から、純粋に頭のなかで思考される象徴機能への移行がご理解いただけたことと思います。インディアンたちのもとでは、蛇は現実に捕まえられ、原因として、生きたまま、稲妻の役割を代行させられるのです。インディアンたちは蛇を口にくわえました。それは、蛇と蛇の仮面を着けた人間、あるいは少なくとも蛇を体に描いた人間とのあいだに一体化が本当に起こるようにするためだったのです。

聖書では、蛇はあらゆる邪悪の原因とされ、そのようなものとして、楽園からの追放という罰を受けました。にもかかわらず、蛇は、不死身の異教的シンボルとして、つまり治癒の神として、聖書の章のひとつに再び忍びこんでいます。

古代世界でも、蛇は、ラオコオンの死に見られるように、最も深い苦痛の本質を形象化していました。しかし、その一方で、古代人たちは、蛇の神性がもつ驚くべき豊饒性をイメージに変えることにもすでに成功していました。古代人たちは、アスクレピオスを、蛇を支配する救済者として表現しています。アスクレピオスは、支配下におさめた蛇を両手にもつ蛇使いの神となり、星座の神として天空に置き移されたのです。

また、中世の神学においても、蛇は、例の聖書の箇所を根拠にして、運命の神として再び登場することに成功しています。高く掲げられた蛇の姿は、もちろん進化の途上にある克服された段階であることは明言されてはいるものの、磔刑の場面と同等の扱いを受けていました。

人類の進歩と思考空間の破壊

この世に最初から存在する破壊と死と苦しみは一体どこからきたのか。結局のところ、蛇は、この疑問に対する答えとして国際的に通用する象徴であります。キリスト論的思考は、苦しみと救済の精髄を象徴的に表現するために、キリスト教以前のイメージ言語で表わされた蛇を利用しています。そのようすをわたしたちは、リューディングヴォルトの教会のなかで見ることができました。もしかすると、次のように言うことができるかもしれません。すなわち、人間が苦痛をどのようにしてよいのかわからずに救済を求めているところに、蛇が、その原因を具体的に説明してくれる存在として身近にいたということかもしれません。そうだとすると、蛇についての独立した章がひとつ、あの「かのように」の哲学★50のなかに与えられてもしかるべきだということになります。

人類は、諸悪の原因とされたこの有毒の爬虫類とのあいだにやむをえず結ばれた絆からどのように解放されていったのでしょうか。今日わたしたちが生きるテクノロジーの時代では、稲妻をつかまえ、稲妻について説明するために、蛇はもはや必要ではありません。都市住民は、もはや稲妻を恐れません。水の唯一の供給源として豊かな実りをもたらす稲妻を待ち焦がれることもなくなりました。今では水道が引かれており、稲妻の蛇も避雷針を通って直接地面に導かれていきます。自然科学的な説明があるため、神話学的な因果結合は、すっかり排除されてしまいました。わたしたちがよく知っているように、蛇は、人がそう望めば、本気で駆除されてしまわなければならない動物の一種なのです。神話学的な因果結合のかわりにテクノロジーによる因果結合を採用するようになれば、原始の人が感じていた驚愕は消し去られてしまいます。ただし、神話学的な世界観からこのように解放されれば、生存をとりまく謎への充分な解答が本当に得られるのかということにつきましては、いまここで単純な主張をするつもりはありません。

アメリカ政府は、実際にすばらしく精力的な勢いで、かつてカトリック教会が試みたように、啓蒙のための学校をインディアンたちのもとに設置してきました。アメリカの人々の知的楽観主義は、見たところ効果を表わしているようです。インディアンの子どもたちは、お行儀の良い制服とエプロンを身につけて学校にいくようになりました［スライド47］。子どもたちは、もはや異教の精霊の存在など信じているようには見えません。その他の教育上の目標につきましても、その大多数がこれと同じような結果を得ています。たしかに、このことはひとつの進歩と言えるかもしれません。しかしながら、インディアンたちがもっていた、イメージによって思考する心、あるいはこう言ってよければ、詩的な神話世界に根を下ろしていた心が、このようにすることで正当に扱われているのかどうかということにつきましては、ただちに肯定する気にはなれないのです。

一度わたしは、この学校に通う子どもたちに頼んで、彼らがそれまでは知らなかったドイツのお伽噺である「ぼんやりハンスのおはなし」★[51]に挿絵をつけてもらうことを試みました。この話のなかには雷が鳴る場面があります。つまり、子どもたちが稲妻を写実的に描くか、それとも蛇の形で描くかを見てみたいと思ったわけです。とても生き生きと描けてはいるものの、明らかにアメリカの学校の影響を受けた素描が一四点集まりました。そのうちの一二点は写実的に描かれていました。しかし、あとの二点には、あのキヴァで見られたような、先端が矢の形をした蛇（図23）を表わす不滅の象徴がまだ描かれていたのです。

しかしわたしたちは、地下に住む原始的な生きものの世界にわたしたちを連れていく蛇の絵の魔力のもとにわたしたちの想像力を押しとどめておくことを望みません。わたしたちは、むしろ宇宙家屋の屋根に登って、頭を上に向け、ゲーテも語っていたものについて考えることを望みます。

目が太陽の性質をそなえていなければ
太陽をそれと認めることはできないだろう。★[52]

太陽への崇拝のなかで全人類は出会います。そして、太陽のことを、夜のどん底から上へと引きあげてくれる象徴と受けとることは、未開人の権利であると同時に文明人の権利でもあります。

子どもたちが、洞窟の前に立っています。

彼らを光明へ向けて引きあげてやることは、たんにアメリカの学校の課題であるだけではなく、全人類にとっての課題なのです。

スライド47——洞窟の前に立つ先住民の小学生たち

図23——キームズ・キャニオンにあるホピの実業小学校の児童ホワト［Howato］による素描
蛇の形をした稲妻が描かれている。

救済を求めるものと蛇との関係は、感覚にもとづいた粗野な接近から始まりその粗野さの克服へといたるという、尊崇と礼拝の円環的進行のなかを動きます。この関係は、プエブロ・インディアンたちによるそのような祭式にも見られますように、本能衝動にもとづいた呪術的接近から始まり精神性を高めた距離取りへといたる進化を具体的に示すものさしでありましたし、今日にいたるまでそうであります。この有毒の爬虫類は、人間が精霊的な自然の働きのもとで外面的にも内面的にも克服しなければならないものの象徴として表現されてきたわけです。

おわりに

今夜わたしが皆さまにお話したのは、呪術的な蛇礼拝のなごりを残すひとつの実例をもとにしたものにすぎません。しかも、残念ながら、それは、あまりにも表面的なものでした。そのために充分に示すことができなかったのですが、現代の文化は、実はここで示そうとしたこの原始状態を洗練させたり、棚上げにしたり、代用品で置き換えたりしたものなのです。

蛇礼拝や稲妻恐怖を克服した男、つまり、金鉱を求めてインディアンたちを追いだして、先住民たちの相続人となった男のスナップ写真を、わたしは、サンフランシスコの路上で撮影することができました。シルクハットをかぶったアンクル・サムが、誇らしさいっぱいのようすで、イミテーションの古代円形建築の前の街路を歩いています［スライド48］。彼のシルクハットのうえには電線が引かれています。このエジソンの銅の蛇のなかで、彼は自然から稲妻をもぎとっているのです。

今日のアメリカ人にとって、ガラガラ蛇は、もはやなんの恐怖感もかきたてません。ガラガラ蛇は殺されています。少なくとも、神として崇められることはありません。蛇たちの目の前にあるのは、絶滅の危機なのです。電線のなかに捕まえられた稲妻、つまりとらえられた電気は、異教世界を一掃する文化を生みだしました。異教世界のかわりにこの文化が据えつけたものはなんでしょうか。自然の猛威は、もはや人間や生きものの形をしたものとし

スライド48——〈アンクル・サム〉

て見られることはなくなりました。電気という自然は、はてしない波であり、それは、スイッチひとつで人間の意のままになるものだとみなされています。しかし電気を利用することで、機械時代の文化は、神話から成長した自然科学が苦労して勝ちとったもの、すなわち礼拝のための空間やそこから生まれる思考のための空間を破壊しています。

現代のプロメテウスと現代のイカロス、すなわちフランクリンと操縦可能な飛行船を発明したライト兄弟は、遠さの感触を破壊するという、まさにあのとりかえしのつかないことをしてしまいました。おかげで、地球は再び混沌の世界に戻ってしまいそうです。

電信と電話は、秩序ある世界を破壊します。神話的思考と象徴的思考は、人間と環境世界を精神的に結びつけようと闘うなかで、礼拝のための空間や思考のための空間を生みだしてきました。しかし、今、そのような場所は、瞬間的な電気的接続によって死に絶えているのです。

原注／訳注

原註

☆1——Emil Schmidt, *Vorgeschichte Nordamerikas im Gebiet der Vereinigten Staaten* (Braunschweig 1894) S.179f.

☆2——Jesse Walter Fewkes, "Archeological Expedition to Arizona in 1895", in *Seventeenth Annual Report of the Bureau of American Ethnology*, 1895-96, II (Washington D. C. 1898) p. 519-574.

☆3——Πότνια θηρων; see. Jane E. Harrison, *Prolegomena to the Study of Greek Religion*, 3. ed. (Cambridge 1922) p. 264.

☆4——最初の草稿のこの箇所では、ヴァールブルクは、蛇のイメージがもつ象徴的な力を次のように説明していた。

「どのような特性をもちあわせることで、蛇は、暴君的な比喩として文学や美術に登場するのか。

1　蛇は一年を通して、深い死の眠りから精力的な活動までの生活を循環してくりかえす。

2　蛇は外皮をとりかえるが、同じものでありつづける。

3　蛇は足で歩くことはできないが、それにもかかわらず、最高の速度で前進する能力をもち、そこには、まちがいなく死にいたらしめる毒牙という武器が結びつけられている。

4　蛇は目に対しては最小限の可視性しか提供しない。擬態の法則にしたがって砂漠の色と同じ色をしているときや、ひそかにとぐろを巻いている地面の穴から急にとびだしてくるときは、とくにそうだ。

5　ファルス［男根］

以上のような特質をそなえているために、蛇は、死と生、可視性と不可視性(事前の警告兆候がないことと、その姿を見たときにはすでに助かる見込みがないこと）といった自然における「両義的」なものを表わす暴君的な象徴として忘れがたいものになっている」。

☆5——"religio a religando, a vinculo pietatis," Lactantius, *Divinae institutiones*. IV, p. 28.

訳注

★1――この題辞のもとになっているのは、ゲーテの『ファウスト』第二部にある有名な「古典的ヴァルプルギスの夜」の場面でのメフィストフェレスの台詞（「古い書物を調べなくては／ハールツからヘラスまで、出会うのはいつも親戚」[*Faust II*, 7742-43]）。一九二〇年の「ルターの時代の言葉と表象における異教的‐古代的予言」では、ヴァールブルクは、ゲーテの詩句をそのまま題辞として採用している。

★2――モキ（Moki, Moqui）。ホピ（★4）の旧称。

★3――ズーニ（Zuni）。いわゆるプエブロ・インディアン（北アメリカ南西部、現在のアメリカ合衆国アリゾナ州北東部とニューメキシコ州北西部に定住し農耕を営んできたアメリカ先住民の総称）の一族。ニューメキシコ州のリオ・グランデ川流域に住み、ズーニ系言語を話す。

★4――ホピ（Hopi）。プエブロ・インディアンの一族。アリゾナ州北東部に定住し、ショショニ系言語を話す。

★5――ラグーナ（Laguna）。ニューメキシコ州中央部のプエブロ集落。住民はケレサン系言語を話す。

★6――アチソン・トピーカ・サンタフェ鉄道（The Atchison, Topeka and Santa Fe Railway Company [AT&SF]）。一八五九年カンザスで創立されたアメリカ南西部を代表する鉄道会社。一八八〇年にサンタフェまで開通。九五年にこの名前で再組織され、さらに発展した。

★7――カチーナ（Katcina）。ホピやズーニなどのプエブロ・インディアンの社会で、雨とともに訪れるとされる祖霊。またはは儀式のなかでそれに扮する踊り手、あるいはそれをかたどった人形。

★8――『皮脚絆物語』（*The Leather-Stocking Tales*）。白人猟師ナッティ・バンポー（ホーク・アイ）を主人公とするジェイムズ・フェニモア・クーパー（James Fenimore Cooper, 1789-1851）の五部作（*The Pioneers* [1823], *Last of the Mohicans* [1826], *The Prairie* [1827], *The Pathfinder* [1840], and *The Deerslayer* [1841]）。このうち「モヒカン族の最後」は日本でもよく知られている。

★9――シキヤキ（Sikyatki）。四つの州が境を接するいわゆるフォー・コーナーズ高原地帯の谷間にかつて栄えたアナサジ文化が西暦一〇〇〇年頃までに建造したプエブロ住居遺跡。一八九〇年代のフュークスらによる調査によって、出土した多彩色土器が注目を浴びた。また、同時代の土器作家ナンペヨ（Nampeyo, "Sand Snake", 1860-1942）は、この様式を復興したことで有名になった。

★10――フュークス（Jesse Walter Fewkes, 1850-1930）。スミソニアン研究所員。ハーヴァードで海洋生物学を学び、当初は比較生物学博物館で無脊椎動物を担当する学芸員だったが、調査中にプエブロ・インディアンの生活と文化に興味をもち、音楽の録音をしたり遺跡の考古学的調査にも出かけたりした。プエルト・リコなどでのプレ・コロンビア遺跡の発掘調査でも重要な業績を残している。

★11——コチティ（Cochiti）。ニューメキシコ州中北部のプエブロ集落。住民はケレサン系言語を話す。

★12——スティーヴンソン夫人（Matilda Coxe Evans Stevenson, 1849-1915）。一九世紀後半におけるアメリカ人類学の開拓者の一人。女性で最初に中西部での調査研究にたずさわる。とくにズーニについての研究がよく知られている。

★13——シア（Sia [Zia]）。ニューメキシコ州中北部のプエブロ集落。住民はケレサン系言語を話す。

★14——一八九五年とあるが、正しくは一八九六年。

★15——マタチネス舞踊（Matachines-Tanz）。アメリカのカトリック・スペイン語圏のコミュニティに古くから伝わる舞踊劇。クリスマス頃に村の守護聖人を祝って演じられた。

★16——アコマ（Acoma）。ニューメキシコ州中部のプエブロ集落。住民はケレサン系言語を話す。

★17——ヘルゴラント(Helgoland)。エルベ河口はるか沖合の北海に浮かぶ島。島全体が急斜面になっているため、上地区、中地区、下地区への移動は、エレベーターか階段を利用する。

★18——ベルナリージョ（Bernalillo）。ニューメキシコ州中北部の郡のひとつ。アルバカーキなどの都市や多くのプエブロ集落を含む。

★19——ナヴァホ(Navaho)。アメリカに残る最大の先住民の一族。カナダ北西部の北方森林地帯に居住した遊動的な採集狩猟民であったが、現在は、アリゾナ州北東部とニューメキシコ州北西部を中心に広がる保留地に居住。言語学的にはアサバスカ（ナ・デネ）系言語を話す。織物と銀細工、病気治療や儀式のさいに描く砂絵で有名。

★20——サンイルデフォンソ（San Ildefonso）。ニューメキシコ州中北部リオ・グランデ河畔にあるプエブロ集落。住民はテワ系言語を話す。毎年一月二三日の祭日に動物儀礼の舞踊が踊られ、ヴァールブルクもこれを見た。

★21——アンテロープ（Antelope）。主にアフリカ、アジアに住むウシ科反芻動物の総称。ここでは、プロングホーン（枝角羚羊 [Antilocapra americana]）と呼ばれる北米西部産のプロングホーン科のレイヨウを指す。北米では最も足が速い哺乳類。二〇世紀初頭までに狩猟などによりその数が激減したが、現在では保護され回復している。

★22——クッシング（Frank Hamilton Cushing）。一九世紀後半におけるアメリカ人類学の開拓者の一人。ズーニの調査研究が最も重要で有名。自らを優位に置く観察者ではなく、文化を相対化して、現地に住み先住民とともに生活しながら研究を進めた点で現代人類学の先駆者とも言える。

★23——ダーウィニズム。ダーウィン（Charles Robert Darwin, 1809-82）による『種の起源』の発表は一八五九年。ヴァールブルクは、『人間および動物の表情』(*The Expression of Emotions in Man and Animals* [1872]) の熱心な読者だった。

★24——オライビ (Oraibi)。アリゾナ州北東部サード・メサの南部にあるホピのプエブロ集落。一二世紀に建設された最も重要なホピの集落だったが、二〇世紀になってから衰微した。

★25——キームズ・キャニオン (Keams Canyon)。アリゾナ州北東部ナヴァホ・インディアン特別保留地にある町。ファースト・メサとアンテロープ・メサとの中間に位置する。イギリス人交易商キーム (Thomas Varker Keam, 1846-1904) が設けた交易場 (Trading post) から発展。フュークスらの人類学者はキームから土器などを購入していた。

★26——ワルピ (Walpi)。アリゾナ州北東部ファースト・メサの先端にあるホピのプエブロ集落。一七〇〇年頃に建設。二〇世紀になってから衰微したが、美しい景観が観光客への魅力となっている。

★27——マンハルト (Wilhelm Mannhardt, 1831-1880)。ドイツの神話学者。バルト神話や樹木信仰の研究で有名。フレイザーにも強い影響を与えたとされる。

★28——ティヨ (Ti-yo)。フュークスによって採録されたこの伝説の詳細については以下を参照。George Wharton James, *The Grand Canyon of Arizona: how to see it* (Boston: Little, Brown, and Co., 1910), CHAPTER XXVII. Indian Legends About The Grand Canyon.

★29——マイナデス (Mainades)。バッコス (ディオニュソス) に仕える熱狂的な女性信者たち。バッコス酒神による祭儀を担い、樫などの葉の冠をかぶり奔放な姿で歌いながら乱舞の先頭に立つ。

★30——ティアマト (Tiamat)。古代バビロニア神話で塩水 (海) を擬人化した原初の母神。七つの首をもつ蛇ないしはドラゴンの姿をとり、地底の淡水を擬人化したアプスとともに神々を生みだしたとされる。

★31——復讐の女神エリーニュス (Erinys)。天空神ウラノスと大地母神ガイアの娘たち (殺人の復讐神ティシフォネ、嫉妬深い復讐神メガイラ、絶え間ない怒りの復讐神アレクト) の総称。頭髪は蛇で恐ろしい顔をもち、翼を身につけ空中を飛んで罪人を狂気におとしいれ無慈悲に罰した。

★32——ラオコオン (Laokoon)。トロイのアポロン神殿の祭司。ギリシア人から贈られた木馬を城内に入れてはいけないとトロイの市民に警告した。

★33——アスクレピオス (Asklepios)。ギリシア神話の医神。アポロンの息子。死者を蘇生させたためゼウスの怒りを招き、雷に打たれて殺され、星 (蛇使い座) になった。ペロポネソス半島のエピダウロスには、アスクレピオス崇拝の中心地となった壮大な神域があり、病人は神殿内で就寝中に神の恩寵にあずかって癒やされたと伝えられる。聖獣は蛇で供物として雄鶏が捧げられた。

★34——コス島のアスクレピオス神殿(Heiligtum des Asklepios in Kos in Kleinasien)。コス島はギリシア領ドデカネス諸島の小島。古代にはエピダウロス人の植民が伝えられる、ドリス系住民の島であった。前五世紀に医学の祖ヒッポクラテスが医学校をこの地に開いたことにちなんで、前四世紀には医神アスクレピオスの壮大な神域が建設された。「アスクレピオス」の項(★33)も参照。

★35——神殿での眠り(Tempelschlaf)。「アスクレピオス」の項(★33)を参照。

★36——蛇使い座(Ophiuchus)。天の川の西岸に位置する初夏の大星座。両手で毒蛇を捕まえる蛇使いの姿は古代ギリシアで医聖と呼ばれたアスクレピオス(★33)。午後八時の南中は八月上旬。

★37——海蛇座(Hydra)。南天に横長に連なる星座。頭から尾の先まで全長一〇〇度をこえ、長さでは八八星座のうちでいちばん長い。午後八時にこの星座の中央部が南中するのは四月下旬。

★38——フィーアランデ(Vierlande)。ハンブルクの南東にエルベ川に沿って広がる肥沃な湿地帯。野菜畑や果物畑のなかに保養地や教会が点在する。

★39——リューディングヴォルト(Lüdingworth)。ニーダーザクセン州の北海沿岸、エルベ河口に位置し、古い教会が残っている。現在はクックスハーフェン市の一部。ただし、フィーアランデとはハンブルクからの方向が逆になる。

★40——青銅の蛇(Eherne Schlange)。旧約聖書「民数記」に次の記述がある。
彼らはホル山を旅立ち、エドムの領土を迂回し、葦の海の道を通って行った。しかし、民は途中で耐えきれなくなって、神とモーセに逆らって言った。「なぜ、我々をエジプトから導き上ったのですか。荒れ野で死なせるためですか。パンも水もなく、こんな粗末な食物では、気力もうせてしまいます」。主は炎の蛇を民に向かって送られた。蛇は民をかみ、イスラエルの民の中から多くの死者が出た。民はモーセのもとに来て言った。「わたしたちは主とあなたを非難して、罪を犯しました。主に祈って、わたしたちから蛇を取り除いてください」。モーセは民のために主に祈った。主はモーセに言われた。「あなたは炎の蛇を造り、旗竿の先に掲げよ。蛇にかまれた者がそれを見上げれば、命を得る」。モーセは青銅で一つの蛇を造り、旗竿の先に掲げた。蛇が人をかんでも、その人が青銅の蛇を仰ぐと、命を得た(「民数記」21:4-9［以下『聖書』からの引用はすべて新共同訳を用いた］)。

★41——ユダの王ヒゼキヤ(König Hiskia)。旧約聖書「列王記下」に次の記述がある。
イスラエルの王、エラの子ホシェアの治世第三年に、ユダの王アハズの子ヒゼキヤが王となった。彼は二十五歳で王となり、二十九年間エルサレムで王位にあった。その母は名をアビといい、ゼカルヤの娘であった。彼は、父祖ダビデが行ったように、主の目にかなう正しいことをことごとく行い、聖なる高台を取り除き、石柱を打ち壊し、アシェラ像を切り倒し、モーセの造った青銅の蛇を打ち砕いた。イスラエルの人々は、このころまでこれをネフシュタンと呼んで、これに香をたいていたからである（「列王記」下、18:1-4）。

★42――モーセの十戒（Zehn Gebote）。旧約聖書「出エジプト記」および「申命記」にある誡め。第二戒律は以下のとおり。あなたはいかなる像も造ってはならない。上は天にあり、下は地にあり、また地の下の水の中にある、いかなるものの形も造ってはならない。あなたはそれらに向かってひれ伏したり、それらに仕えたりしてはならない（「出エジプト記」20:4-5）。

★43――マルタ島のパウロ（Paulus in Malta）。新約聖書「使徒言行録」に次の記述がある。わたしたちが助かったとき、この島がマルタと呼ばれていることが分かった。島の住民は大変親切にしてくれた。降る雨と寒さをしのぐためにたき火をたいて、わたしたち一同をもてなしてくれたのである。パウロが一束の枯れ枝を集めて火にくべると、一匹の蝮が熱気のために出て来て、その手に絡みついた。住民は彼の手にぶら下がっているこの生き物を見て、互いに言った。「この人はきっと人殺しにちがいない。海では助かったが、『正義の女神』はこの人を生かしておかないのだ」。ところが、パウロはその生き物を火の中に振り落とし、何の害も受けなかった。体がはれ上がるか、あるいは急に倒れて死ぬだろうと、彼らはパウロの様子をうかがっていた。しかし、いつまでたっても何も起こらないのを見て、考えを変え、「この人は神様だ」と言った（「使徒言行録」28:1-6）。

★44――予型論（Typologie）。新約聖書における事柄や出来事が、旧約聖書のなかにすでに予示または象徴されているとする教説。たとえば、出エジプトのさいの過越の小羊の犠牲はキリストの犠牲の死や聖餐式の予示であるとするなどがそれにあたる。

★45――イサクの犠牲［生贄］（Opferung Isaaks）。神が信仰を試みるために下した「イサクを神に犠牲として捧げよ」との命令に対し、父アブラハムは従順にしたがったが、神は、アブラハムの信仰の深さを理解してその行為を止めさせた（「創世記」22:2-12）。この物語は、キリスト磔刑の予型として理解された。

★46――ザーレムの修道院（Salemer Münster）。バーデン・ヴュルテンベルク州（シュヴァーベン）にあるシトー派の大修道院。一一三七年創建。ボーデン湖地方の盛期ゴシック建築として最も重要なもので、クロイツリンゲンからも近い。

★47――クロイツリンゲンの教会、オリーヴ山礼拝堂（Ölbergkapelle in Kreuzlingen）。クロイツリンゲンは、ヴァールブルクが滞在していた「ベルヴュ」診療所のあるスイスの町。ボーデン湖畔にあり、ドイツ領コンスタンツ市に隣接する。オリーヴ山礼拝堂は、クロイツリンゲン市内のザンクト・ウルリヒ・ウント・アーフラ聖堂内にあり、約三〇〇の木彫小像によって受難の光景を再現する特異な礼拝堂。成立は一七六〇年。一九六三年に火災に遭うが、六七年に聖堂全体とともに再建された。中央に位置する磔刑像の上方の天井に、〈青銅の蛇〉がフレスコに描かれている。

★48——黄金の雄牛（das goldene Kalb）。「出エジプト記」（32:1-35）にある、アロンが金で造りイスラエルの民が拝した若い雄牛の鋳像。あるいは、「列王記」上（12:28-30）にある、ヤロブアムが造った二体の金の子牛の像。いずれも偶像崇拝の例。

★49——最小力量の法則（Gesetz vom Kleinsten Kraftmass）。唯名論的な経験批判論の立場に立つドイツの実証主義哲学者アヴェナリウス（Richard Avenarius, 1843-1896）の用語。教授資格請求論文の題目が「最小力量にもとづいて世界を思考することとしての哲学」（"Philosophie als Denken der Welt gemäss dem kleinsten Kraftmass" [1876]）。アヴェナリウスはチューリヒでのヴィンデルバントの後任だが、母方がハンブルク出身。独特の用語と難解な文章で知られていた。

★50——「かのように」の哲学（Philosophie des "Als Ob"）。ファイヒンガー（Hans Veihinger, 1852-1933）が主張した考え。数学、自然科学から道徳的宗教的知見にいたる人間のすべての知的営みを、生活のために有用な虚構であり、実在との一致としての真理とは無関係とする。

★51——「ぼんやりハンスのおはなし」（"Hans Guck-in-die-Luft"）。世界的なベストセラーとして現在も版を重ねるホフマン（Heinrich Hoffmann, 1809-94）作の絵本《もじゃもじゃペーター》（*Der Struwwelpeter*, 1848）中の一話。ヴァールブルクは、一八九六年三月にスタンフォード大学で児童心理学者のバーンズ（Earl Barnes, 1861-1935）に出会い、読み聞かせた物語を描かせて創造力を評価しようとする彼の実験に強い共感をいだく。ヴァールブルクは、雷雨の場面を追加した独自のバージョンをつくって、この方法を四月二三日にキームズ・キャニオンにあるメソジスト系の小学校の児童に適用した。

★52——太陽は……（Wär’nicht das Auge sonnenfaft - Die Sonne könnt’es nie erblicken.）。ゲーテ（Johann Wolfgang von Goethe, 1749-1832）の箴言集「穏和なクセーニエ」（Zahme Xenien III）中の一節。

一九二三年四月二六日付ザクスル宛ヴァールブルク書簡

一九二三年四月二六日
クロイツリンゲンにて

親愛なる博士

一九二三年四月二一日にベルヴュ療養所でおこなわれた「北アメリカ、プエブロ・インディアン居住地域からのイメージ」についてのわたしの講演の原稿ですが、わたしの特別な承諾がなければ誰にもそれを見せないということをあなたの義務と考えていただければ幸いです。というのも、この講演は、体裁が整っておらず、文献学的な引証も充分になされていないため、象徴行動の歴史に関するいくつかの資料とともに見られるというかたちでなければ――それでもまだ疑わしいことには変わりはありませんが――価値がありません。そして、この原稿の価値を信頼に値するようなしかたで示すためには、もう一度根本的な推敲をすることが必要になるでしょう。

打ち首になった蛙がもらしたこの陰鬱なあがきを見せてよいのは、愛するわが妻にだけです。また、部分を選んでということであれば、エムデン博士、弟のマックス、そしてカッシーラー教授には、見せてもかまいません。カッシーラー教授には、もし時間があれば、アメリカで着手されたいくつかの原稿断片についても目を通していただけるように思っています。しかし、これらのガラクタ原稿については絶対に出版されないようにお願いいたします。

問題の多いこの原稿の誕生にあたって貴殿が果たしてくださった産婆としてのご尽力に対し、心から感謝の気持とご挨拶をお送りします。

フリッツ・ザクスル博士へ

署名（ヴァールブルク）

クロイツリンゲン（スイス）、ベルヴュ療養所気付

ヴァールブルクのアメリカ南西部旅行（旅程表）

一八九五年

九月　五日　ハパク海運高速蒸気船「ビスマルク侯爵号」でハンブルクを出帆

一二日　ニューヨーク到着

一〇月一日　パウル・ヴァールブルクとニーナ・ロウブ、ニューヨークで結婚式

九日　ボストン　アシニーアム図書館訪問

二三日　ワシントン　スミソニアン研究所訪問

二四日　ワシントン　スミソニアン研究所訪問、クッシングやムーニーと会話

一一月二八日　シカゴ、デンヴァー経由でコロラド・スプリングズ（コロラド）に到着

一二月二日　ドゥランゴ（コロラド）「堅苦しさのない西部がここから始まる」。

三日　マンコス（コロラド）

八日　マンコス（コロラド）　キャンプをしながら岩棚住居へ小旅行

一四日　サンタフェ（ニューメキシコ）「雪。荒涼とした印象のサンタフェ」

一七日　サンフアン（ニューメキシコ）「……少女が一人、黒い水瓶を頭に載せて梯子を上がり、家に入って

いった。……雪。……家のなかでは誰かがパンを焼いている。……午後、エルドロット氏のコレクションを見せてもらう。天候神を描いた絵画や、稲妻や雲や階段の装飾が描かれた容器類を見る。何が描かれているかは明確だ。……重要な一日だった」。

一八九六年

一月　一日　アコマ（ニューメキシコ）　午後、ジュイアール師に会う。

三日　アコマ（ニューメキシコ）　先住民たちの教会でミサ。「ラグーナで見たのと同じ赤い壁画」

一〇日　サンタフェ（ニューメキシコ）　クレオとアナスタシオのフリーノ父子にスケッチを描いてもらう。

一六日　コチティ（ニューメキシコ）　舞踊を見る。

一七日　サンタフェのパレスホテルでのメモ　「一八八八年以来探し求めてきた、私の心理学的法則のための定式をついに発見したと思う」。

二三日　サンイルデフォンソ（ニューメキシコ）　アンテロープ舞踊を見る。

三〇日　ラグーナ（ニューメキシコ）「疲れはじめてきた。それほど体は強くないし、消化不良がまた始まったからだろう。ホテルのひどい食事は、とくに消化にはよくない。本が読めないのも気力を奪う。スペイン語ができないのも残念だ。古老のインディアンたちとのコミュニケーションに差し障ってしまう」。

二月　八日　パサディナ（カリフォルニア）　ローウィ夫人の岩棚住居出土土器類のコレクションを見る。

一八日　コロナード・ビーチ（カリフォルニア）　自転車や乗馬、鵞鳥狩りを楽しむ。

二三日　コロナード・ビーチ（カリフォルニア）　突然のホームシック

二八日　サンフランシスコ（カリフォルニア）「二四日の夜にチャイナタウンにいった。不思議な世界。フレンチタウンもクレオールハウスも。ここにはなんでもある」。

三月一四日　サンフランシスコ（カリフォルニア）「今日は日本に向けて出発するはずだった日。バークリーへいって大学図書館を訪ねる」。

二〇日　サンノゼ（カリフォルニア）［カリフォルニア大学付属］リック天文台を訪問

四月　七日　アルバカーキ（ニューメキシコ）

九日　フォート・ウィンゲート（ニューメキシコ）

一四日　ズーニのプエブロ（ニューメキシコ）　砂嵐に出会う。

二一日　ホルブルックからキームズキャニオン（アリゾナ）へ、寝袋で野営する。

二二日　キームズキャニオン（アリゾナ）　砂嵐のなかで朝食、貨物用馬車に出会い、無事キームズキャニオンに到着する。

二三日　キームズキャニオン（アリゾナ）　小学校で『ぼんやりハンスのおはなし』の挿絵を描かせる実験

二四日　キームズキャニオン（アリゾナ）

二六日　ワルピ（アリゾナ）

二七日　オライビ（アリゾナ）

五月　一日　オライビ（アリゾナ）　フミスカチーナ舞踊

三日　キームズキャニオン（アリゾナ）に戻り、　世話になった人たちに別れのあいさつ。キームに対する本やコレクション購入の勘定をすませる。

五月二八日　ハンブルクに向け、ビスマルク侯爵号でニューヨークを出帆

六月　五日　ハンブルクに到着

作成にあたっては、主に以下の文献を参考にした。

Warburg, A. Notizen zum Kreuzlinger Vortrag (1923). 1,2. Kreulingen 14.März 1923 (Warburg Institute Archive, III. 93. 4).

Warburg, A. Brief an seine Eltern und Geschwester. Santa Fe, 14. Dezember 1895 (Warburg Institute Archive, FC'MH', 14. 12. 1895).

Warburg, A. Tagebuch 1894-1897. Eintrag vom 24. Oktober 1895 (Warburg Institute Archive, III. 10. 1).

Gombrich, E. H., *Aby Warburg*, 1980.

Naber, C., "Pompeii in Neu-Mexico", 1988.

McEwan, D., "Excerpt from Aby Warburg's Dialy", 1998.

テキストA（ウォーバーグ研究所所蔵資料）

1——Warburg Institute Archive No.III,93.1. Warburg, A. Bilder aus dem Gebiet der Pueblo-Indianer in Nord Amerika. Vortrag gehalten am 21.April 1923. Kreuzlingen, Heilsanstalt Belle-Vue. Von Prof. Dr. A. Warburg. TS with MS corrections by Warburg vii+80fols, includes slide list and a letter from Warburg to Saxl.

2——WIA. III,93.2. Warburg, A. Bilder aus dem Gebiet der Pueblo-Indianer in Nord-Amerika. Incomplete copy of 93.1. TS with some corrections by Saxl.

3——WIA. III, 93.3.1. Warburg, A. Bilder aus dem Gebiet der Pueblo-Indianer in Nord-Amerika. First draft with discarded parts in order of dictation, 107 fols.

4——WIA. III, 93.3.2. Warburg, A. Bilder aus dem Gebiet der Pueblo-Indianer in Nord-Amerika. Final corrected carbon copy by Bing, on which W. F. Mainland's translation in *Journal* II was based, January - April 1938, TS, 29 fols.

5——WIA. III, 93.3.3. Warburg, A. Bilder aus dem Gebiet der Pueblo-Indianer in Nord-Amerika. Top copy of 93.3.2. (not identical) with introductory p.1. pp.28-29 photocopies from 93.3.2., TS, 30 fols.

6——WIA. III, 93.4. Warburg, A. Bilder aus dem Gebiet der Pueblo-Indianer in Nord-Amerika. Lecture draft, 1923, including autobiographical parts and additions ('Legendary origins of the clan with the totem serpent'), 1924, top and incomplete carbon copy, TS with MS corrections by Warburg and Saxl, 115 fols.

7——WIA. III, 93.8. Warburg, A. Memorandum, 1927, by Warburg on his work and its significance for America, with a view to collaboration, TS, photocopy, 5 fols.

8——WIA. III, 93.10.1. Warburg, A. Bilder aus dem Gebiet der Pueblo-Indianer in Nord-Amerika. Photocopies of the German lecture text with English endnotes and list of illustrations.

テキストB（翻訳ないしは公刊された資料）

1——Warburg, A., "A Lecture on Serpent Ritual" (tr. by W. F. Mainland), *The Journal of the Warburg Institute*, 2 (1938-39), pp.277-292.（イギリス版）

2——Warburg, A., "Il rituale del serpente" (tr. by G. Carchia), *aut aut*, 199-200 (1984), pp.17-39.（イタリア版1）

3——Warburg, A., *Schlangenritual: Ein Reisebericht*. Mit einem Nachwort von Ulrich Raulff (Berlin: Verlag Klaus Wagenbach, 1988). (4.Tausend März 1992).（ドイツ版）

4——Warburg, A., *Images from the region of the Pueblo Indians of North America*, translated with an interpretive essay by Michael P. Steinberg (Ithaca: Cornell University Press, 1995).（アメリカ版）

5——Warburg, A., *Il rituale del serpente: una relazione di viaggio* (tr. by G. Carchia / Cuniberto), (Milano: Adelphi, 1998).（イタリア版2）

6——Guidi, B. C. et al. ed., *Photographs at the Frontier: Aby Warburg in America 1895-1896* (London: Merrell Holbertson Publishers, 1998).（写真カタログ）

参考文献（外国語文献）

Anonym., "Empfang in der Bibliothek Warburg: Aus Anlaß des Amerikanisten-Kongress", *Hamburger Nachrichten*, 15.09.1930 (WIA III, 93.9, no.1).

Anonym,, "Indianische Symbolik und Frührenaissance: Die Amerikanisten in Bibliothek Warburg", *Hamburger Fremdblatt*, 13.09.1930 (WIA III, 93.9, no.2).

Anonym., "Welle und Zeichnen: Aby Warburg und das Schlangenritual? Eine Tagung in Hamburg", *Süddeutsche Zeitung*, 17.04.2002.

Bibliothek Warburg., *Der Blitz als Schlange*, leaflet presented to visitors to the KBW, 12.09.1930 as part of the XXIV. Internationaler Amerikanisten-Kongress, held at Hamburg 1930, 3pp. [Dem XXIV. Internationalen Amerikanisten-Kongress in Hamburg. Übersicht von der Kulturwissenschaftlichen Bibliothek Warburg.] WIA III, 93.7.

Bing, G., "Fritz Saxl (1890-1948): A Memoir", Gordon, D. J., ed., *Fritz Saxl: A Volume of memorial Essays from his Friends in England* (London and Edingburgh: 1957), pp.15-16.

Binswanger, L., *Zur phänomenologischen Anthropologie* (Bern: Francke, 1947).（ビンスワンガー『現象学的人間学』荻野恒一他訳、東

京、みすず書房、一九六七年）。

Binswanger, L., *Schizophrenie* (Pfullingen: Günther Neske, 1957).（ビンスワンガー『精神分裂病』新海安彦他訳、東京、みすず書房、一九七〇-七一年）。

Bredekamp, H. et al. ed., *Aby Warburg. Akten des internationalen Symposions Hamburg 1990* (Weinheim: VCH, Acta Humaniora, 1991).

Brosius, Ch., *Kunst als Denkraum: Zum Bildungsbegriff von Aby Warburg* (Pfaffenweiler: Centaurus-Verlagsgesellschaft, 1997).

Burke, P., "Aby Warburg as Historical Anthropologist" (Bredekamp, 1991), pp. 39-44.

Burke, P., "History and Anthropology in 1900" (Guidi, 1998), pp.20-27.

Chernow, R., *The Warburgs : the twentieth-century odyssey of a remarkable Jewish family* (New York: Random House, 1994).（チャーナウ『ウォーバーグ——ユダヤ財閥の興亡』青木榮一訳、東京、日本経済新聞社、一九九八年）。

Didi-Huberman, G., *L'Image survivante: Histoire de l'art et temps des fantômes selon Aby Warburg* (Paris: Les Éditions de Minuit, 2002).

Diers, M., "Kreuzlinger Passion", *kritische berichte*, 7 (1979-4/5), S. 5-14.

Diers, M., "Professor V: Aby Warburgs Krankenakte", *Frankfurter Allgemeine Zeitung*, 5. 8. 1992, Nr. 180, / Seite N3.

Farrer, D., *The Warburgs: The Story of a Family* (London: Joseph, 1975).

Fewkes, J. W., "The Snake Ceremonials at Walpi", *A Journal of American Ethnology and Archeology*, 4 (1894), pp.1-126.

Fewkes, J. W., "Archeological Expedition to Arizona in 1895", *Seventeenth Annual report of the Bureau of American Ethnology to the Secretary of the Smithsonian Institution* (1895-96), pp.519-576.

Fichtner, G. ed., *Sigmund Freud, Ludwig Binswanger, Briefwechsel, 1908-1938* (Frankfurt am Main: S. Fischer, 1992).

Forster, K. W., "Die Hamburg-Amerika-Linie, oder: Warburgs Kulturwissenschaft zwischen den Kontinenten" (Bredekamp, 1991), S. 11-37.

Galitz, R. et al. ed., *Aby M.Warburg "Ekstatische Nymphe... trauernder Flußgott" Portrait eines Gelehrten* (Hamburg: Dölling und Galitz, 1995).

Gombrich, E. H., "Aby M.Warburg. 1866-1929", Kulturforum Warburg, ed., *Aby Warburg. Von Michelangelo bis zu den Puebloindianern.* Warburger Schriften: Bd.5 (Warburg: Hermann Hermes Verlag, 1991), S. 9-21. Aus: *Neue Züricher Zeitung*, 11.Dezember 1966.

Gombrich, E. H., *Aby Warburg. An intellectual biography: with a memoir on the history of the library by F. Saxl* (Oxford; Chicago: Phaidon, 1970).（ゴンブリッチ『アビ・ヴァールブルク伝——ある知的生涯』鈴木杜幾子訳、東京、晶文社、一九八六年）。

Guidi, B. C., "Retracing Aby Warburg's American journey through his photographs" (Guidi et al., 1998), pp.28-47.

Guidi, B. C. et al. ed., *Photographs at the Frontier: Aby Warburg in America 1895-1896* (London: Merrell Holberton Publishers, 1998).

Hofmann, K., "Angst und Methode Nach Warburg: Erinnerung als Veränderung", *L'art et révolution, Sec.5. Révolution et évolution de l'histoire de l'art: de Warburg à nos jours*. Actes: XXVII. Congrès CIHA 1989 (Strasbourg: Société alsacienne pour le Développement de l'Histoire de l'Art, 1992), pp.7-14.

Holly, M. A., "Warburg, Iconology, and the New 'Art History'", *L'art et révolution, Sec.5. Révolution et évolution de l'histoire de l'art: de Warburg à nos jours*. Actes: XXVII. Congrès CIHA 1989 (Strasbourg: Société alsacienne pour le Développement de l'Histoire de l'Art, 1992), pp.14-25.

Hopp, A., *Kreuzlingen: Pfarr- und ehemalige Klosterkirche St. Ulrich und Afra*. 4., neubearbeitete Auflage (Regensburg: Verlag Schnell und Steiner, 1998).

Janshen, Fr., "Spurenlesen: Um Aby Warburgs 'Schlangenritual'", Silvia Baumgart et al. ed., *Denkräume zwischen Kunst und Wissenschaft*. 5.Kunsthistorikerinnentagung in Hamburg 1991 (Berlin: Reimer, 1993), S. 86-112.

Jones, I. S., "Aby Warburg as a photographer" (Guidi, 1998), pp. 48-52.

Jünger, H.-D., "21. April 1923: Aby Warburgs Beschwörung der Pueblos. Ort: Kreuzlingen", *Frankfurter Rundschau: unabhängige Tageszeitung*. D-Ausgabe. Frankfurt, M.: Dr.- u. Verl.-Haus Frankfurt a.M., Bd. 56 (2000), 117 vom 20.5., S. 23.

Kato, T., "Aby Warburg and the Anthropological Study of Art", Presentation given at the XVth International Congress of Aesthetics, Makuhari(Japan), 30 August 2001.

Knapp, U., *Ehemalige Zisterzienserreichsabtei Salem*. 3., völlig neu bearb. Aufl. (Regensburg: Schnell und Steiner, 1998).

Konigseder, K., "Aby Warburg im ›Bellevue‹" (Galitz, 1993), S. 74-98.

McEwan, D., *Ausreiten der Ecken: die Aby Warburg - Fritz Saxl Korrespondenz; 1910 bis 1919* (Hamburg: Dölling und Galitz, 1998). (Kleine Schriften des Warburg Institute London und des Warburg-Archivs im Warburg-Haus Hamburg ; 1).

McEwan, D., "'Mein lieber Saxl!' - "Sehr geehrter Herr Professor!" : die Aby Warburg - Fritz Saxl Korrespondenz zur Schaffung einer Forschungsbibliothek 1910 bis 1919", *Archiv für Kulturgeschichte*, 80 (1998), pp. 417-433.

McEwan, D., "Excerpts from Aby Warburg's Diary (Translations of selected passages from the Diary [*Ricordi*, December 1894-July 1897]" (Guidi, 1998), pp. 150-155.

Michaud, Ph.-A., *Aby Warburg et l'image en mouvement, suivi de Aby Warburg, Souvenirs d'un voyage en pays Pueblo, 1923; Projet de voyage en Amérique, 1927* (deux textes inédits traduit par Sibylle Muller: "Souvenirs d'un voyage en pays Pueblo : notes inédites pour la conférence de Kreuzlingen sur 'le spirituel du serpent' (1923)"; "On planned American visit (1927)"). Préface de Georges Didi-Huberman (Paris: Macula, 1998).

Michaud, Ph.-A., "Florenz in New Mexico: the intermezzi of 1589 in the light of Indian rituals" (Guidi, 1998), pp. 53-63.

Naber, C., "Pompeii in Neu-Mexico: Aby Warburgs amerikanische Reise", *Freibeuter*, 38 (1988), S. 88-97.

Naber, C., "'Heuernte bei Gewitter': Aby Warburg 1924-1929" (Galitz, 1993), S. 104-129.

Noldeke, H., "Das Doppelbild von Physik und Magie" (Fleckner, 1993).

Rathgeb, E., "Aby Warburgs Schlange: Reisefieber", *Frankfurter Allgemeine Zeitung*, 17. 04. 2002.

Raulff, U., "Nachwort", *Aby Warburg, Schlangenritual: Ein Reisebericht*, (Berlin: Wagenbach, 1988), S. 61-94.

Raulff, U., "Zur Korrespondenz Ludwig Binswanger - Aby Warburg im Universitätsarchiv Tübingen" (Bredekamp, 1991), S. 55-70.

Raulff, U., "The seven skins of the snake : Oraibi, Kreuzlingen and back; stations on a journey into light" (Guidi, 1998), pp. 64-74.

Saxl, F., "Warburg's visit to New Mexico", Fritz Saxl, *Lectures*, vol.1 (London: The Warburg Institute, 1957), pp. 325-330. (D. Übersetzung: "Warburg's Besuch in Neu-Mexico" [1929/30]", D. Wuttke, ed., *A. M. Warburg, Ausgewählte Schriften und Würdigungen* [Baden-Baden: Koerner, 1992], S. 317-326). (ザクスル「蛇・稲妻・祝祭――ヴァールブルクのニューメキシコへの旅」『シンボルの遺産』松枝到・栗野康和訳、東京、せりか書房、一五八-一六六ページ、一九八〇年)。

Schoell-Glass, Ch., *Aby Warburg und der Antisemitismus: Kulturwissenschaft als Geistespolitik*. Orig.-Ausg. (Frankfurt am Main: Fischer-Taschenbuch-Verlag, 1998).

Schulz, H.-J., *Das Salemer Münster* (Tettnang: Druch + Verlag Lorenz Senn KG, 1983).

Settis, S., "Kunstgeschichte als vergleichende Kulturwissenschaft: Aby Warburg, die Pueblo-Indianer und das Nachleben der Antike", Gaehtgens, Thomas W. ed. *Künstlerischer Austausch / Artistic Exchange*. Akten des XXVIII.Internationalen Kongress für Kunstgeschichte Berlin, 15.-20.Juli 1992. Bd. I (Berlin: Akademie Verlag, 1993), S. 139-158.

Steinberg, M. P., "Aby Warburg's Kreuzlingen Lecture: A Reading". *Warburg, A. M. Images from the region of the Pueblo Indians of North America* (London: Merrell Holbertson Publishers, 1998), pp. 59-114.

Warburg, A., *Aby Warburg, Gesammelte Schriften*, Abt. 2, Bd. 2/1, Der Bildatlas *Mnemosyne* (Berlin: Akademie Verlag, 2000).

Washburn, E., *The Indian in America* (New York: Harper & Row, 1975). (ウォッシュバーン『アメリカ・インディアン――その文化と歴史』富田虎男訳、東京、南雲堂、一九七七年)。

Weckwerth, A., *St. Jacobi in Cuxhaven-Lüdingworth*. 7., veränderte Auflage, 1996 (Regensburg: Verlag Schnell und Steiner, 1996).

Wittkower, R., "Eagle and Serpent", *Journal of the Warburg Institute*, 2 (1996), pp. 294-325.

Wuttke, D., ed., *Aby M. Warburg: Ausgewählte Schriften und Würdigungen* (Baden-Baden: Koerner, 1992).

参考文献（日本語文献）

加藤哲弘「もう一つのイコノロジー――アビ・ヴァールブルクとイメージの解釈学」『美学』第一七〇号、二五‐三五ページ、一九九二年。

加藤哲弘「ムネーモシュネー――ヴァールブルクにおける記憶と想像力の問題」『想像力――その評価を巡る比較美学的考察』（一九九四‐九五年度文部省科学研究費補助金成果報告書［代表者、岩城見一］）、八九‐九七ページ、一九九六年。

加藤哲弘「近代の外の芸術へ――アービ・ヴァールブルクと比較美術研究」『美学』、第一八八号、三六‐四五ページ、一九九七年。

加藤哲弘「ヴァールブルクとベレンソン――テキストとコンテキストのユダヤ的性格」『西洋美術研究』第四号、一二‐二九ページ、二〇〇〇年。

クライナー（Josef Kreiner）「もう一人のシーボルト――日本考古学・民族文化起源論の学史から」『思想』第六七二号、六八‐八三ページ、一九八〇年。

鈴木晶『フロイト以後』、東京、講談社、一九九二年。

田中純『アビ・ヴァールブルク――記憶の迷宮』、東京、青土社、二〇〇一年。

徳井いつこ『スピリットの器――プエブロ・インディアンの大地から』、東京、地湧社、一九九二年。

富田虎男『アメリカ・インディアンの歴史』、東京、雄山閣出版、一九九七年。

名古屋ボストン美術館編『母なる大地の声――アメリカ・サウスウェスト　プエブロ・インディアンの美術』名古屋、名古屋ボストン美術館、二〇〇〇年。

バルタ＝フリードル（Ilsebill Barta-Fliedl）「凱旋から心理劇まで――探求と発見、あるいは、ある思索好きな男の冒険」『「記憶された身体――アビ・ヴァールブルクのイメージの宝庫」展カタログ』、東京、国立西洋美術館、二二六‐二九ページ、一九九九年。

図版一覧

本文スライド

スライド1——プエブロ・インディアン居住地域の風景（「メサ」と呼ばれる卓状台地）（Warburg Institute Archive）
スライド2——フォー・コーナーズ地区の先史遺跡の地図　ヴァールブルク自身による下線付き（Warburg Institute Archive）
スライド3——サンタフェの眺め　ヴァールブルク撮影（Santa Fe, 1896, Warburg Institute Archive）
スライド4——ラグーナの眺め（Warburg Institute Archive）
スライド5——プエブロ式住居（Warburg Institute Archive）
スライド6——プエブロ式住居の室内（Warburg Institute Archive）
スライド7——壺を頭に載せる少女　壺には鳥を表わす「象形文字」が記されている。（Warburg Institute Archive）
スライド8——鳥が描かれた土器　一九世紀　ハンブルク民族学博物館　ヴァールブルク寄贈（Inventar-Nr.: B6089, Copyright: Museum für Völkerkunde Hamburg）
スライド9——蛇が描かれた土器　制作年不詳　ハンブルク民族学博物館　ヴァールブルク寄贈（Inventar-Nr.: B6098, Copyright: Museum für Völkerkunde Hamburg）
スライド10——クレオ・フリーノ　ヴァールブルク撮影（Santa Fe, 1896, Warburg Institute Archive）
スライド11——クレオ・フリーノ《宇宙の描写》ヴァールブルクの註つき（Santa Fe, 1896, Warburg Institute Archive）
スライド12——シアのキヴァ（稲妻の祭壇がある室内）　スティーヴンソン夫人にならって撮影されたもの（Warburg Institute Archive）
スライド13——アコマへと向かうキャラヴァン（Warburg Institute Archive）
スライド14——教会の戸口の前の先住民たち（Warburg Institute Archive）
スライド15——織物を織るナヴァホの女　ヴァールブルク撮影（Bida Hoci, 1896, Warburg Institute Archive）

スライド16——教会の内部（Warburg Institute Archive）
スライド17——教会の壁に描かれた、宇宙を表わす装飾（Warburg Institute Archive）
スライド18——一本の木から刻みだされた「はしご」と穀物置場と犬　ヴァールブルク撮影（Arizona, 1896, Warburg Institute Archive）
スライド19——アンテロープ舞踊I（Warburg Institute Archive）
スライド20——アンテロープ舞踊II（Warburg Institute Archive）
スライド21——アンテロープ舞踊III（Warburg Institute Archive）
スライド22——アンテロープ舞踊IV（Warburg Institute Archive）
スライド23——ホルブルック駅（大陸横断鉄道サンタフェ・ルートの最後の停車駅）　ヴァールブルク撮影（Holbrook, 1896, Warburg Institute Archive）
スライド24——ヴァールブルクが乗ったバギー　ヴァールブルク撮影（Holbrook, 1896, Warburg Institute Archive）
スライド25——キームズ・キャニオンの眺め　ヴァールブルク撮影（Keam's Canyon, 1896, Warburg Institute Archive）
スライド26——ワルピ（イースト・メサ）の眺め（Warburg Institute Archive）
スライド27——オライビ（ウェスト・メサ）の集落（Oraibi, 1896, Warburg Institute Archive）
スライド28——中央広場にいた盲目の老人　ヴァールブルク撮影（Oraibi, 1896, Warburg Institute Archive）
スライド29——踊りの始まりを待つホピの子どもたち　ヴァールブルク撮影（Oraibi, 1896, Warburg Institute Archive）
スライド30——踊りの始まりを待つホピの子どもたち　ヴァールブルク撮影（Oraibi, 1896, Warburg Institute Archive）
スライド31——フミスカチーナ舞踊I　小神殿の前で停止する五人の男　ヴァールブルク撮影（Oraibi, 1896, Warburg Institute Archive）
スライド32——フミスカチーナ舞踊II　踊りの開始　座る「女」の踊り手たち　ヴァールブルク撮影（Oraibi, 1896, Warburg Institute Archive）
スライド33——フミスカチーナ舞踊III　前方に進む「女」たち　ヴァールブルク撮影（Oraibi, 1896, Warburg Institute Archive）
スライド34——フミスカチーナ舞踊IV　男たちの回転運動　ヴァールブルク撮影（Oraibi, 1896, Warburg Institute Archive）
スライド35——フミスカチーナ舞踊V　男たちと「女」たちの回転運動　ヴァールブルク撮影（Oraibi, 1896, Warburg Institute Archive）
スライド36——フミスカチーナ舞踊VI　聖なる挽き割り粉を振り撒く祭司　ヴァールブルク撮影（Oraibi, 1896, Warburg Institute

Archive）
スライド37——フミスカチーナ舞踊VII　休息する踊り手たち　ヴァールブルク撮影（Oraibi, 1896, Warburg Institute Archive）
スライド38——フミスカチーナ舞踊VIII　小神殿（奥に座って舞踊を見ているヴァールブルク）　H.R.Voth 撮影（Oraibi, 1896, Warburg Institute Archive）
スライド39——フミスカチーナ舞踊を指揮する首長　ヴァールブルク撮影（Oraibi, 1896, Warburg Institute Archive）
スライド40——生きた蛇を使った舞踊I（Warburg Institute Archive）
スライド41——生きた蛇を使った舞踊II（Warburg Institute Archive）
スライド42——生きた蛇を使った舞踊III（Warburg Institute Archive）
スライド43——生きた蛇を使った舞踊IV（Warburg Institute Archive）
スライド44——《ラオコオン》紀元後一世紀　ローマ　ヴァティカン美術館
スライド45——〈蠍座（天蝎宮）のなかのアスクレピオス〉　ローマ　ヴァティカン教皇庁図書館（©Biblioteca Apostolica Vaticana [Vatican], MS. Reg. lat. 1283, fol.7^{v}.）
スライド46——《オリーヴ山礼拝堂》天井画　一九六七年再建　クロイツリンゲン　ザンクト・ウルリヒ・ウント・アーフラ聖堂（Fotodesign Roman von Götz）
スライド47——洞窟の前に立つ先住民の小学生たち　ヴァールブルク撮影（Keam's Canyon, 1896, Warburg Institute Archive）
スライド48——〈アンクル・サム〉　ヴァールブルク撮影（San Francisco, 1896, Warburg Institute Archive）

参考図版

本　文

図1——カメラケースを横に置くヴァールブルク　ヴァールブルクのカメラで撮影（Santa Fe, 1896, Warburg Institute Archive）
図2——岩棚式住宅遺跡（Warburg Institute Archive）
図3——カチーナ人形　ハンブルク民族学博物館　ヴァールブルク寄贈（Inventar-Nr.: B6150, Copyright: Museum für Völkerkunde Hamburg）
図4——アリゾナのメサ　Edward S. Curtis 撮影（Canyon de Chelly, Arizona, 1904, National Anthropological Archives, Smithsonian Institution）
図5——ヘルゴランド　ヴァールブルク所蔵の絵はがき（Warburg Institute Archive）

図6――フランク・ハミルトン・クッシング John K.Hillers 撮影（New Mexico, ca.1881-82, National Anthropological Archives, Smithsonian Institution [PORT 22E]）

図7――キームズ・キャニオンに向かう途中で砂嵐につかまったヴァールブルク ヴァールブルクのカメラで撮影（Arizona, 1896, Warburg Institute Archive）

図8――自宅の前のトーマス・V・キーム ヴァールブルク撮影（Keam's Canyon, 1896, Warburg Institute Archive）

図9――メサに近づく ヴァールブルク撮影（Arizona, 1896, Warburg Institute Archive）

図10――ワルピ（イースト・メサ）の集落 ヴァールブルク撮影（Walpi, 1896, Warburg Institute Archive）

図11――仮面を着けるヴァールブルク ヴァールブルクのカメラで撮影（Oraibi, 1896, Warburg Institute Archive）

図12――カチーナ仮面 ハンブルク民族学博物館 ヴァールブルク寄贈（Inventar-Nr.: B6129, Copyright: Museum für Völkerkunde Hamburg）

図13――ヴァールブルクによるカチーナ仮面の素描（Oraibi, 1896, Warburg Institute Archive）

図14――ホピの既婚の女、未婚の女、少女 ヴァールブルク撮影（Oraibi, 1896, Warburg Institute Archive）

図15――フミスカチーナ舞踊に登場した道化 H.R.Voth 撮影（Oraibi, 1896, Warburg Institute Archive）

図16――ギヴァに描かれた砂絵 四匹の蛇と物神（J. W. Fewkes, The Snake Ceramonials at Walpi, in: *Journal of American ethnology and archaeology*, IV [1894], p. 18）

図17――ギヴァに描かれた砂絵 蛇の形をした稲妻（J. W. Fewkes, The Snake Ceramonials at Walpi. In: *Journal of American ethnology and archaeology*, IV [1894], p. 28）

図18――新アッティカ浮彫りのひとつに描かれている〈踊るマイナデス〉 パリ ルーヴル美術館

図19――《アスクレピオス》 ローマ カピトリーノ美術館

図20――〈星座図〉《蠍座のなかの蛇使い（アスクレピオス）》 レイデン大学図書館（MS Vossianus Leyden. Voss. Lat., Q79, f. 10b）

図21――ジュリオ・ロマーノ《蛇にかまれたときの薬を売る人》一五二四―三五年頃 マントヴァ パラッツォ・デル・テ

図22――《人間救済の鏡》（*Speculum humanae salvationis*）からとられた〈青銅の蛇〉と〈磔刑〉の場面 ロンドン 大英図書館（Add. Ms. 31303. BY PERMISSION OF THE BRITISH LIBRARY）

図23――キームズ・キャニオンにあるホピの実業小学校児童ホワト［Howato］による素描 蛇の形をした稲妻が描かれている（Keam's Canyon, 1896, Warburg Institute Archive）

解　題

図24――カウボーイ姿のヴァールブルクとホピの踊り手　ヴァールブルクのカメラで撮影（Oraibi, 1896, Warburg Institute Archive）

図25――ギルランダイオ《洗礼者ヨハネの誕生》部分〈籠を頭に載せたニンファ〉一四八五―九〇年　フィレンツェ　サンタ・マリア・ノヴェッラ聖堂

図26――〈ムネモシュネ・アトラス〉パネル6（Warburg, 2000, p. 25）

図27――ヴァールブルクが使用した地図（アリゾナとニューメキシコ［Warburg Institute Archive］）

図28――ヴァールブルクが使用した地図（ホピの集落とキームズ・キャニオン［Warburg Institute Archive］）

図29――コロナード・ホテル（Warburg Institute Archive）

図30――チャイナタウン　ヴァールブルク撮影（San Francisco, 1896, Warburg Institute Archive）

解　題　ヴァールブルクと「蛇儀礼」講演

本書は、アビ・ヴァールブルク（Aby Warburg, 1866-1929）が一九二三年四月二一日に、ドイツ国境に接するスイスのボーデン湖畔の町クロイツリンゲンにある療養所「ベルヴュ」でおこなった講演「北アメリカ、プエブロ・インディアン居住地域からのイメージ」の日本語版である。翻訳は、ロンドン大学のウォーバーグ研究所に所蔵されている草稿類を直接のテキストにして進めた。[☆1] この日本語版では、これまで公刊されてきた諸国語版とくらべてかなり多くの、そしてもとの講演で使用されたスライドに可能なかぎり近い図版が掲載されている。[☆2] また、本文中の章分けは、どの草稿にも存在しない。章のタイトルや小見出しも含めて、すべて訳者が日本語版のために新たに補ったものである。[☆3]

ヴァールブルクについてわたしたちが多くのことを知るようになったのは、ごく最近のことである。彼は一度も正式に大学に勤務することがなかった。おそらくはそのために、彼については長いあいだ、いわばほとんど忘れられていたと言っていい。この状況に大きな変化が起こったのは、一九九〇年にハンブルクで開かれたヴァールブルクをめぐるシンポジウムのころからだろうか。それまでは依拠する文献と言えば、ゴンブリッチによる『伝記』（一九七〇）とヴトケによる『選集』（一九七九）、さらにさかのぼって、直接の後継者であったザクスルやビングによって編纂された『全集』（一九三二）、おそらく最初の紹介とも言えるヴィントによる解説（一九三二）など、ほんのわずかであった。ところが、文献一覧に記載したように、九〇年代に入って文献の量は急増する。この「ヴァールブルク・ルネサンス」が「新しい美術史学」や「文化研究」といった、知の組換え運動と連動していたことについてはよく知られている。この傾向は全集の再版（一九九八）、アメリカ語訳（一九九九）の登場、ミショー（一九九八）やディディ=ユベルマン（二〇〇二）らによるフランスでの注目、そして日本では、国立西洋美術館での展覧会（一九九九）などにつながっている。

ここに訳出した通称「蛇儀礼」講演[☆4]についても、古くはゴンブリッチやザクスルなどによる紹介と、研究所紀要に掲載された縮約英語版によって知られていた程度であった。しかし、最近になって、とくにアメリカ滞在中の彼の行動やクロイツリンゲンでの入院中の出来事などを中心に、伝記的追跡を試みる文献が急増している。[☆5]

そこで、以下、この「解題」では、これらの文献にもとづきながらヴァールブルク個人についての伝記的情報を紹介するとともに、この講演のテキストそのものがもつ豊かで多様な意味の可能性を引きだしてくることにも重点を置く。具体的には、以下ではまず、(1)彼がこの講演のなかで回顧するアメリカ南西部への旅行と、講演が実際になされたクロイツリンゲンの療養所への入院前後の事情を中心にヴァールブルクの生涯を概観したあと、(2)ヴァールブルクの全著作のなかで、このテクストがもつきわめて特異な性格について解説し、続いて、(3)この講演の主題が何であり、その内容がどのような歴史的ないしは現代的意義を有するのかについて解明したのちに、さらに、(4)テキスト内の細部のいくつかの見どころについても紹介する。

1　ヴァールブルクの生涯とテキストの成立背景

青年時代

ヴァールブルクは、一八六六年六月一三日、一七世紀以来ハンブルクに在住していたユダヤ系銀行家の七人兄弟の長男として、ハンブルクに生まれた。父はモーリッツ・ヴァールブルク、母はシャルロッテ。幼少より身体が弱く、一八七三年、アビが七歳のときにはチフスを患い、その結果就学が遅れる。体調の不安定さを自覚していた彼は、一八七九年、彼が一三歳のときに、すぐ下の弟マックスと有名な「契約」を結んだ。それによって、アビはマックスに、この有名な銀行家一族の「長子相続権」を譲り、そのかわりにマックスは、アビが望む本の代金を支払うことになる。豊かな資金をもとにアビが築きあげた類いまれな書籍コレクションの出発点である。

一八八六年、ボン大学に入学したアビは、美術史家のユスティ（Carl Justi, 1832-1912）やトーデ（Henry Thode, 1857-1920）、神話学者のウーゼナー（Hermann Carl Usener, 1834-1905）、文化史家のランプレヒト（Karl Lamprecht, 1856-1915）たちのもとで学ぶかたわら、自らが購入した図書の記録をとりはじめていた。その後彼は、八八年にはミュンヘンを訪れ、八八年から八九年にかけてはフィレンツェでシュマルゾウ（August Schmarsow, 1853-1936）が開いた実地演習に参加する。イタリアから帰国後、彼はストラスブールに赴き、一八九一年、有名な博士号請求論文「サンドロ・ボッティチェッリの《ウェヌスの誕生》と《春》」☆6をヤニチェク（Hubert Janitschek, 1846-1893）のもとに提出した。

論文提出後のヴァールブルクはベルリンに転居して、一八九二年から九三年までエビングハウス（Hermann Ebbinghaus, 1850-1909）のもとで心理学を学んでいる。彼は自らのことを「美術の歴史家」とみなすだけではなく、つねに「視覚文化の心理学者」だとも考えていた。とくに記憶の問題については、後述する写真集『ムネモシュネ・アトラス』のタイトルが示唆しているように、彼は強い関心をもっていた。また、ダーウィンの進化論やローベルト・フィッシャー（Robert Vischer, 1847-1933）の象徴理論に対しても、彼は深く傾倒している。これらの理論的関心が示す哲学的な基盤は、後年に展開されるヴァールブルクの文化史的思考の基本的な土台をかたちづくっていくことになる。

その後、一年間の兵役のあとで彼はフィレンツェに戻り、アメリカ南西部への旅行に出かける一八九五年まで、美術、音楽、演劇、服飾などの諸分野にまたがる「祝祭行列《パジェント》」の研究に没頭していた。あまり日本では紹介されることはないが、この研究も「越境」の美術史家ヴァールブルクの姿をよく示すものと言えよう。

アメリカ南西部への旅行

「アメリカ南西部旅行（旅程表）」が示すように、ヴァールブルクは一八九五年から九六年までアメリカに滞在する。彼がアメリカに渡った直接の理由は、一八九五年一〇月にニューヨーク郊外で挙行された弟（三男）パウルの結婚式に参列することであった。新婦のニーナ・ロウブはアメリカの財閥クーン・ロウブ商会の会長であったソロモン・ロウブの娘である。両家の結びつきは、結果的にユダヤ系財閥の大西洋を挟む連携を強化することになった。

しかし、社交や家業より自然や学問に逃避しがちなアビは、ニューヨークの社交界の雰囲気には溶けこめず、ワシントンのスミソニアン博物館やボストンの図書館に通って、南西部の岩棚遺跡（図2）やそこから発掘された土器についての書物を読んでいた。実は彼は、すでにニューヨークに向かう船内で、スミソニアンの研究者から具体的な情報を集めている。またヴァールブルクは、すでに学生時代から、いわゆる未開文化における精神生活には少なからぬ関心をもっていた。もっとも、彼が多くの学者たちと会えたことや西部への旅行を実現できた背景には、鉄道事業をはじめとして、アメリカ経済に大きな影響力をもっていたロウブ一族の支援があったことは言うまでもない。

スタインバーグによれば、フィレンツェでの研究との関係もあって、アメリカ滞在はそれほど長くならないはずだった。しかし、美的な美術研究や東海岸の社交界への反発から、「ロマンティックなものへの意志」がヴァールブルクの目を西部に向けさせた。最初に彼の関心を惹いたのは、一八八八年に発見され九〇年代に調査が開始されていた、この地方に住む先住民たちの祖先「アナサジ」の住居遺跡である。発見者であるウェザリルの、コロラドにある牧場は、ヴァールブルクが目指す西部での最初の目的地となった[☆7]。しかし、しだいに彼の関心は、シキヤキ出土の土器などに描かれていた文様や、さらにはそれと並ぶ重要な象徴行為としての舞踊に向かうようになっていく。

図24——カウボーイ姿のヴァールブルクとホピの踊り手

本文の記述にもあるように、彼は、まずラグーナでプエブロ式住宅、サンタフェのホテルでは現地の先住民によるスケッチ、シアではキヴァ、アコマの教会では壁画装飾を見たあと、サンイルデフォンソを訪れてアンテロープ舞踊を目にすることになる。

強行日程のために疲れがたまっていたヴァールブルクは、その後、一月から三月までの時期を西海岸のカリフォルニアで過ごす。後述する日本への旅行を断念したヴァールブルクは、四月にはアルバカーキ、フォート・ウィンゲートを経てホルブルックに戻り、キームズ・キャニオンに向けて「バギー」（スライド24）で出発する。砂嵐（図7）に襲われ、野営を経験しながら到着したキームズ・キャニオン（図8）をベースに、彼は、ファーストメサにあるテワやワルピ、さらには、最も西側に位置するサードメサ（ウェストメサ）のオライビを訪れた。オライビでは、五月一日に「フミスカチーナ」舞踊を見学する（スライド31-39・図24）。その後は、ワルピの蛇舞踊の時期（雨が降るべき八月）を待つことなくただちにニューヨークに戻り、六月五日にはハンブルクに到着した。

帰国後

アメリカからの帰国後、一八九七年一月から三月にかけて、ヴァールブルクは、ハンブルクで二回、ベルリンで一回、彼自身が撮影したり入手した写真を紹介する講演をおこなっている。しかしそのあとは、購入した資料をハンブルクの民族学博物館に寄贈してしまい、この旅行の成果を美術史研究に直接つなげることはないままに、九七年に結婚した画家でもあり彫刻家でもあった新婦マリーとフィレンツェで新生活に入った。

当時のヴァールブルクには、ハンブルク美術館やキール大学への就職の機会もあった。しかし彼は、フィレンツェの公文書庫で、初期ルネサンスの芸術家たちの社会的背景についての調査に専念し、次々にその成果を発表する。なかでも、一九〇二年の「肖像芸術とフィレンツェの市民階級」と「フランドル美術とフィレンツェの初期ルネサンス」、一九〇五年の「フランチェスコ・サッセッティの終意処分」は、この時期の彼の研究を代表するもので、大胆な仮説推論と綿密な立証過程が読者を惹きつける。

一方、蔵書形成も、この時期に飛躍的に加速する。書物購入の自由をすでに得ていたヴァールブルクは、文学、芸術、政治学の三方向での自由な研究を目指して、必要な文献を購入しつづけていた。大規模な図書購入が相次いだ結果、それまでの家では手狭になり、すでに一九〇四年にフィレンツェからハンブルクに戻っていたアビの一家は、一九〇九年、ハイルヴィヒ通りに居宅と隣接地を購入し、蔵書とともに新居に移った。のちの「ヴァールブルク文化学図書館」、現在のハンブルク大学美術史学科政治図像学講座「ヴァールブルク・ハウス」である。

そのあいだ、一九〇五年には「デューラーとイタリア的古代」、一九〇七年には「ブルゴーニュのタピスリーに見られる働く農民」、さらに、一九一二年には「フェッラーラのスキファノイア宮におけるイタリア美術と国際的占星術」、一九一三年には「中世の表象世界における飛行船と潜水艦」と、ヴァールブルクは後の時代に大きな影響を与える主要な業績を絶えまなく発表する。一九一二年には、ハッレ大学からの招聘があった。しかし、身体的にも精神的にも職務に耐えられるかどうかの自信をもてなかった彼は、当時まだ大学が設立されていなかったハンブルクのために働くことを理由に謝絶する。

クロイツリンゲン

彼は、大人になってからも強い不安感や強迫観念に襲われることが多かった。とくに第一次世界大戦という出来事は、イタリアとの精神的な結びつきの強かった彼を苦境に立たせた。彼は、ドイツの敗戦が明らかになった一九一八年に精神の崩壊状態におちいることになる。妄想に怯えたり感情の制御がきかなくなってしまう病状は、今で言う統合失調症（分裂症）である。この病気については、当時、後述するブロイラーとクレペリンによって研究が進められていた。ちなみに、ヴァールブルク自身は、当時命名されたばかりのこの病名を強く意識していて、草稿メモや本文中にも何度か使用している[☆8]。

このような状況のなかで、一九二〇年には「ルターの時代の言葉と表象における異教的＝古代的予言」という注目すべき業績も公刊されるが、その直前の一九一九年には、弟たちの要請により、ザクスルが研究所の所長業務を代行し、研究所は公的に組織化されることになった。

ヴァールブルクは転院をくりかえすが、病状は良くならず、一九二一年四月に、クロイツリンゲンにある「ベルヴュ」に入院する。この療養所の名声はヨーロッパ中に響いていた。ダンサーのニジンスキーや画家のキルヒナーもここを訪れている。ヴァールブルクの治療にあたったビンスヴァンガー (Ludwig Binswanger, 1881-1966) はチューリヒ大学のブロイラーのもとで学んだ精神科医で、そこですでに医師として働いていたユングと知りあい、またユングを介してフロイトとも親交を結んでいた。ビンスヴァンガーは、一九一一年から祖父がクロイツリンゲンに建てたこの精神病院の医長を務めていた優秀な分析医であった。しかし、ヴァールブルクの治療にはなかなか成功せず、先行きに大きな期待をかけてはいなかったようである。[☆9]

一進一退をくりかえす病状のなかで、ヴァールブルクは、ひとつの行動に出る。彼は、自らの回復を証明する一種のパフォーマンスとして学術講演を企画し、研究者としての日常生活に戻れることをビンスヴァンガーに訴えようと考えた。スタインバークは、これを、ヴァールブルクの生涯で二度目の「商売上の取引」——言うまでもなく、一度目は一八七九年に弟のマックスと交わした「契約」——と呼んでいる。[☆10]そして、この提案は紆余曲折ののちに受け入れられ、一九二三年四月二一日に講演会が病院内で開催されたのである。

このときの講演が、「もう二七年も昔のことになってしまった」旅行の思い出を、自らが撮影したり購入してきた写真をスライドで映写しながら話すことだった。講演は、途中でプロジェクターの故障はあったものの（ヴァールブルクによれば）「輝かしい成功」に終わったが、病状の回復にはまだかなりの時間を要した。彼が「ベルヴュ」を退院してハンブルクに「帰還」するのは一九二四年八月一二日のことである。

その後のヴァールブルク

ヴァールブルクが不在のあいだに設立されたハンブルク大学では、すでにパノフスキーが着任して学生たちの指導にあたっていた。ヴァールブルクは、パノフスキーを側面から支援するかたちで一九二五年からハンブルク大学美術史学科の講義を研究所で開講する。一一月二五日の演習初日のメモには、「親愛なる神は細部に宿る」(Der liebe Gott steckt im Detail) という有名な言葉が記されている。☆11 この演習で彼は、一五世紀イタリアで制作された彩色カッソーネの前面部分をとりあげ、その細部の解釈を試みたのである。

このほか、この時期の講義や講演でとりあげられたのはレンブラントやブルクハルト、ヴァロア朝時代のタピスリー、あるいは有名な古代天文学研究者のフランツ・ボルなどで、画像による精神統御のメカニズムに迫ろうとするヴァールブルクの研究は、新たな展開を示しつつあったと言ってよい。一九二六年には研究所の書庫新館が完成し、一九二八年には、ローマのビブリオテカ・ヘルツィアーナで、画像パネル（『ムネモシュネ・アトラス』の原型）を使用しながら自らの研究の集大成となる講演をおこなうなど、彼の活動は再び絶頂期を迎えつつあった。さらにこの時期には、デッソワールが提唱してすでに三回の開催を数えていた美学の国際会議（Ästhetischer Kongress Hamburg）を、一九三〇年にハンブルクの彼の研究所で開催する計画があった。しかし、ザクスル、カッシーラー、パノフスキーらとその企画や打合せに忙しくしていた最中の一九二九年一〇月二六日、彼は突然の心臓発作に襲われ急逝することになる。

2　テキストの特異性

先述したように、一九二三年のこの講演については、ウォーバーグ研究所紀要に掲載された縮約英語版によって早くから知られていた。にもかかわらず、講演当時の状況の紹介や、テキストがもつ意義の解明作業は、他の、たとえばボッティチェッリ研究などと比べて、かなり遅れる。その理由は、一九三二年に刊行された『全集』にすぐに収録されなかった[☆12]ことからもわかるように、ひとえにこのテキストが彼のその他の著作と比べてきわめて特異な性格をもつことにあると言っていいだろう。その特異性とは、具体的には、次の三点にまとめることができる。

1　本人による公表禁止

2　「テキスト」の不安定性

3　美術史学者のテキストとしての内容上の異質さ

本書では、本文のあとに、この講演がおこなわれた直後にヴァールブルクがザクスル宛に書いた手紙を資料として収録した。そこに明言されているように、ヴァールブルクはこの講演のテキストがそのままのかたちで公刊されることに強い抵抗を示している。ヴァールブルクは、ザクスルやビングの協力のもとで、講演のあとも新しいバージョンを準備しようとしたようだが、最終的には彼の急逝によって不完全なままのテクストが残されることになった。

また、この講演は、ヴァールブルクが統合失調症で入院していたときにおこなわれたものである。激烈な病状に直面した遺族たちのプライバシーを考えると、たとえば、ゴンブリッチが強調していたように、この講演テキストの成立状況を公開することに、ある程度の制約がもうけられることになったことは理解できないこともない。いずれにせよ、この講演についての研究は、最初から、そして現在にいたってもそうだが、このような制約との闘いのなかでなされなければならなかったのである。

次に問題になるのは、この講演の「テクスト」が不安定だということである。クロイツリンゲンでの講演は、すでに述べたような背景のもとでおこなわれたため、実はこの講演の決定稿となる「テクスト」というものは、正確に言えば存在しない。

もちろん、すでに述べたように、ウォーバーグ研究所には、構想をまとめる段階の手書きやタイプの草稿や、講演の前日である四月二〇日までの日付が記載され多くの書きこみが付け加えられたタイプ原稿、さらには発表後にザクスルやビングらの協力のもとでそれを推敲していったものなど、多くの資料が残されている。しかし、それらのうちで、どれが「テクスト」であるかを決定するのは容易なことではない。

そのひとつの理由として、講演のなかで彼が何を実際に話したのかを今となっては復元できないということが挙げられる。この講演の主役は、原タイトルが示しているように、スライド写真であった。草稿ができあがっていく流れを見ても、そのことは確認できる。つまり、原稿の少なくとも大部分は、スライドで映すことになる写真のそれぞれについての解説というかたちで執筆され、それがつなぎあわされて全体が構成されていく。そのため、この原稿は、講演中や講演後にかなり自由に説明を加えていくことができるのである。

また、講演のあとに推敲を重ねることで形成されたテキスト群にも同様の、あるいはそれ以上に重大な問題が含まれている。口頭発表の原稿を文書化するさいには誰でも遭遇することかもしれないが、この講演の場合は、そのことによって、スライド写真は主役から「図版」という脇役の地位に変更されていった。その結果、整合性の欠落した重複表現などが目立っていく。さらに、「記憶」から「旅の思い出」を復元した結果、不確かな知識にもとづく矛盾を放置せざるをえない状況も生じた。たとえば、本書の三〇ページに出てくるリューディングヴォルトは、今回確認したかぎりでは、フィーアランデには存在しない。ヴァールブルクが、この原稿の公開を禁じた理由はよくわかる。

しかし、ここで何よりも深刻なのは、著者のアイデンティティの問題かもしれない。準備の段階ですでにヴァールブルクは、ザクスルとのある種の共同作業のかたちで原稿を書きあげている。また、講演のあと、そしてヴァールブルクの死後にも、ザクスルやビングによる推敲作業は続けられた。その結果、わたしたちが目にすることができる各国語訳のテクストは言うに及ばず、ウォーバーグ研究所に保管されている草稿類にしても、それらがヴァールブルクの単著であるとは必ずしも言いがたいという状況が生まれてしまった。この問題については、二〇〇二年四月一一日から一三日までハンブルクで開催された国際会議で議論されたが、最終的な結論はいまだに出されてはいない。推敲過程の追跡と著者問題の解明には、筆跡の鑑定や書簡の内容との照合などの基礎的な調査をさらに進めていくことが必要になるだろう。研究の進展に期待したい。

そして第三に挙げられるのは、このテクストの内容面での特異性である。「越境」する美術史学者ヴァールブルクは、国境を越えてアメリカ南西部に赴き、専門学科の枠を超えて人類学的なフィールド調査をおこない、意識の閾の向こう側に潜む人間の不安感を明るみに出そうとした。この講演のほんとうの主題は、いったい何であったのか。そして、このテキストには、どのような意味作用の可能性が秘められているのか。この点については、次章で考察を試みる。

3　クロイツリンゲン講演がもつ意味

美術史学の観点から

自伝的メモに残されているように、彼を実際に西部に向かわせた理由のひとつは、アメリカ東部も支配していた唯美主義的な芸術観への反感であった。当時の彼は「美的なものばかりを重視する美術史のしかたに対して心からむかつきを覚えていた」[☆13]。また、彼の西部への関心のなかには、本文中でも引用されている連続小説『皮脚絆物語』[★8]などにかきたてられた「高貴なる野蛮人」への憧れがあったことも否定できないだろう。

実際、本文にもあるように、テクストのなかでヴァールブルクは、自らのことを「文化史家（Kulturhistoriker）」とか「民俗学者（Folklorist）」と呼んでいる。しかし、スタインバーグも指摘しているように[☆14]、ドイツに帰ってきた当

図25——ギルランダイオ《洗礼者ヨハネの誕生》部分〈籠を頭に載せたニンファ〉一四八五—九〇年　フィレンツェ　サンタ・マリア・ノヴェッラ聖堂

時のヴァールブルクは、いわば職業意識に目覚めたかのように「美術史」研究者としての行動を強調した。結局のところ、彼が不満を感じていたのは美術史学そのものに対してではなく、一八世紀における古典考古学の発展を背景にした、芸術の美化に対してだったのである。彼は、ヴィンケルマンの主張した「高貴なる単純と静かなる偉大」という古典美のアポロン的な理想に対して、動きを含むもの、ディオニュソス的なものを「パトスフォルメル」としてことさらに発掘してみせようとしていた。たとえば、「デューラーとイタリア的古代」における研究がそうである。彼は、美術史学をもう少し範囲の広いもの、言い換えれば、イメージと心性とのダイナミックな相互作用構造への研究にしようと考えていた。ヴァールブルクが「イコノロジー」という語を明示的に使用するのは、ヴトケが指摘するように[☆15]、一九一二年ローマでの美術史学会講演(「フェッラーラのスキファノイア宮におけるイタリア美術と国際的占星術」)からだが、彼が研究の最初から目指していたものは、いわばそのような意味での「象徴形式」、つまり、未開人や古代人、さらには、もちろん彼を含む現代人が心理的不安の克服のメディアとしてイメージにどのように向きあったのかという問題への考察であった。

その意味では、クロイツリンゲン講演の主題は、アメリカの蛇儀礼を紹介することにではなく、むしろあくまでもヨーロッパの美術史をイメージと心性の歴史として描きだすことにあったと言わなければならない。彼がアメリカで強い興味とともに見聞きしたものは、それ自体が研究対象であるというよりも、それを通して、美術史(ヨーロッパ美術の歴史)を理解するための「基準のものさし」として機能していた。したがって、わたしたちが最初に心がけなければならないのは、いわゆる「未開」の映像に目を奪われることではなく、むしろそれと深いつながりをもつと主張されているヨーロッパの蛇図像、具体的には本文の後半部分に注目することである。

ヴァールブルクは、本文のなかで、次々と蛇にまつわるヨーロッパ図像の例を挙げていく。マイナデス、ラオコオン、アスクレピオス、「青銅の蛇」、知恵の木や磔刑の十字架に巻きつく蛇、聖パウロと毒蝮……。このなかには、野蛮さや残虐さでは「未開人」にけっして劣らないものも多い。また、北ドイツの教会の事例やハンブルクの聖人パウロについての言及には郷愁が混じる。「アテネからオライビまで、すべてが親戚」。蛇の図像は、生と死をめぐる人間の不安と希望を象徴化したものとして、アメリカ中西部と同様にヨーロッパの美術史の流れのなかで生き続けてきたというわけである。

あるいは、つい見過ごしてしまいがちだが、講演の前半部分には、蛇の図像以外に、ヨーロッパ美術のなかにヴァールブルクが見つけてきたいくつかの重要な図像への言及がある。ここでは、そのうちのとくに彼のフィレンツェ美術研究と関係の深い二点を指摘しておこう。すなわち、「水瓶を頭に載せる少女」（スライド7）と「アネモネ型のヘアスタイル」（図14）である。前者は、ギルランダイオの《洗礼者ヨハネの誕生》の場面に登場する、理想化された、動きをはらむ女性像「ニンファ」☆16（図25）のプエブロ版であり、後者は、ボッティチェッリ論で言及される、風に吹かれてたなびくウェヌスの髪☆17と深い関連をもっている。

文化人類学の観点から

もちろん、この講演を初期の人類学研究に関連したものととらえる読み方も刺激的であることは事実だ。この時期、アメリカの人類学はフランツ・ボーアズを中心に、先住民文化の幅広い生活領域にわたって基礎データを蓄積しつつあった。ヴァールブルクは、パウルの結婚式のあと、ワシントンのスミソニアンに出かけて、調査から帰ったばかりのフュークスやムーニーから直接南西部に居住する先住民たちについての情報を手に入れていた。彼は最先端の知識を身につけたうえで、勇躍「フィールド調査」に出かけていったわけである。

しかし、なかば観光旅行に近い彼の観察報告を学術調査の結果と呼ぶのは少々酷なことのように思われる。たしかに彼は、出発前に専門家に会っている。また、そのつどガイドを雇ったり現地在住のヨーロッパ人から情報を集めたりはしている。しかし、基本的には専門家が同行したわけではなく、彼は一人で旅行をしていた。また、自身が告白しているように、彼は現地語やスペイン語が自由に話せたわけではない。さらに言えば、ワルピでおこなわれている「蛇儀礼」については、彼自身が実際に見たわけではなく、絵はがきや現地で購入した写真、さらにはフュークスらの著作[☆18]をもとに記述を進めていた。

ヴァールブルクによる調査を「人類学」的なものとは呼べない理由は、以上のような手続き上の問題にとどまらない。ディズニー的な冒険譚にあこがれて「高貴なる未開人」を理想化することがあっても、彼は基本的には筋金入りの進化論者であった。たとえばそれは、「残虐な」遊牧民と、象徴儀礼をおこなうことで「進歩」を見せる定住農耕民とを比べて、定住する先住民を優越視する点などに明確に見てとれる。このように、ヴァールブルクの考え方のなかに、当時の偏見にとらわれた側面があることは否定できない。わたしたちは、無理をしてヴァールブルクを旧世代の人類学者にしてしまわなくてもよいだろう。

とはいえ、彼が観察した事例のなかには、いくつかの興味深いケースがないわけではない。たとえば、そのひとつは、「フミスカチーナ舞踊」で「コロスとサテュロス」を思わせる「野卑で猥褻な冷やかし」を演じる道化（図15）について記述した箇所である。「驚くべきものを目にすることができました」と述べる彼の感想がどこまで正直なものであるのかどうかはわからない。しかし、講演がなされた一九二三年の時点ですでにユングは、元型としてのトリックスターについて論じはじめていた[☆19]。ユングと親交を結んでいたビンスヴァンガーがこの話をどのように聞いていたのかは気になるところである。

また、この「調査報告」は、アート研究のグローバルな展開への萌芽を内包しているという見方もできる。ウォーバーグ研究所の『紀要』にこの講演が掲載されたとき、このヴァールブルクのテキストに続いて収録されたのは、イメージの伝播を論じたことで有名なヴィトコウアーの論文「鷲と蛇」[☆20]であった。美術史学とは——わざわざ「西洋美術史」などと呼ばなくとも——紀元後四世紀以降のヨーロッパ美術を対象とする学問のことだということがヨーロッパでは長いあいだ自明のことであった。その状況が変化するのは二〇世紀の後半になってからのことである。そのことを考えれば、この講演の先駆的な意義も理解されるだろう。

宗教心理学ないしは文明論の観点から

講演のさいに準備されたと思われる原稿の扉には、講演の直後に次のような言葉が付け加えられた。

「身体化」と「切離し」とのあいだに
論理的な結合が生まれてくるときの源となる
原始的宗教性の心理を研究するための資料

ここからも見てとれるように、この講演の主題は、人類学の調査報告でもなければ、通常の美術史学の作品研究でもない。彼がここで表明したかったのは、むしろそれらを深く大きく超えたところにあるヴァールブルク自身の宗教心理学的な文明観である。彼によれば、「文明化の過程」とは、生活のなかで「肉体」や本能に直接結びつくかたちで襲いかかってくる不安や強迫観念を、生身の「身体」からは「切り離し」て距離をとることで克服するすべを身につけていくことであり、それは、すでに述べたように、入院している彼個人の問題でもあった。

「不安」のなかから襲いかかる非合理でプリミティヴな衝動に対して人間はどのような対抗策をとってきたのか。ヴァールブルクは、入院直前に書きあげられた「ルター時代の言葉と表象における異教的‐古代的予言」のなかでも、そして彼がハンブルクに帰還してからも、この疑問への答えを探しだすことに全力を傾けた。フロイトやユングが「夢」のなかに探ろうとしたものを、カッシーラー、パノフスキー、ウィントらに代表される「ハンブルク学派」の長兄にあたるヴァールブルクは、絵画や記号のなかに見られる「象徴的思考」のなかに求めたのである。

以上からもわかるように、ヴァールブルクの議論の背後には、未開／呪術→古代／象徴形式→現代／文明化へという明確な進化論的展開図式が存在している。もちろん、ヴァールブルクの文明進化論は、たとえばヘーゲルのそれのように不可逆的なものではない。「樹液の上昇」への不安はつねに襲ってくる。現代においても、テクノロジーによる文明化はむしろ思考空間の破壊によって不安の増大を招いているのである。

この枠組みのもとで考えれば、思考空間の破壊を嘆く、本文の末尾の言葉に一種のエコロジカルな視点を見てとることも不可能ではない。しかし、単純な二元論（文明と未開、開発と環境保護、テクノロジーと呪術、偶像崇拝と偶像破壊、ヨーロッパ人とアメリカ先住民、……）で追跡するかぎり、衒学的なまでに機知豊かに意味を重層化させていくヴァールブルクの言葉に込められた、いわば「啓蒙弁証法的」とでも言うべき視点は見えてこない。彼は、距離をとることによって不安を克服するはずの啓蒙が、その一方で距離の破壊をもたらす危険を同時に内包していることに注意を喚起しているのである。わたしたちが、比喩としての「洞窟」の前に立つ子どもたちの姿から見てとるべきなのは、「もうひとつの生き方」などをかんたんに選ぶことのできないわたしたちが、それでもなお進んでいかなければならない複雑な啓蒙（文明化）の進路を進むことの厳しさとむずかしさではないだろうか。

4　写真・旅行・ユダヤ性

この講演の「細部」からは多くの興味深い事実を引きだしてくることができる。ここでは最後に、そのうちの三つの点についてかんたんに言及しておく。

美術史学と写真、あるいは写真史をめぐって

ヴァールブルクは講演の冒頭で、スライドで映す写真の大部分が自分で撮影したものだと述べている。ジョーンズによれば[☆21]、ヴァールブルクが使用したのはコダックの最新型の小型写真機（図1）で、現像も西部の各都市ですでに可能だった。また、すでに述べたように、帰国後にヴァールブルクは、美術史の専門家たちではなく、写真愛好家たちの会合で講演をおこなった。ダイーデイらが編集したカタログを見るかぎり、彼が撮影してきた写真の多く

図26——〈ムネモシュネ・アトラス〉

は、ピントや絞り、フレームの問題あるいは手ぶれなどが目立つ。本来であれば専門の「撮影助手」を同行させたかったところだろう。しかし、技術の低さがかえってスナップショットの特性を生かしていると言えなくもない。

また、スライドを使用した当時の講義スタイルについて、この講演の草稿は具体的なイメージを与えてくれる。スライド中心の原稿のつくり方、さらには、講演の演出法などがそうだ。ここでは復元できなかったが、序文が終わって、引用部分に入る前の箇所には「明りを消すこと」(Dunkel!) という語が記載されており[☆22]、草稿からはある程度の臨場感が伝わってくる。

そして、この観点で最も重要なのは、彼がハンブルクに「帰還」してからとりくんだ写真集『ムネモシュネ・アトラス』(図26) とこの講演との関係である。「ムネモシュネ」とは「記憶の女神」のことで、この図版集では古代にさかのぼるさまざまな象徴的な身ぶりが目録化されて掲載された。ここでも中心的なテーマは、野蛮な激情 (パトス) に駆られて「距離」(ディンクラウム) を失うことと、逆にそのようなパトスを克服することのあいだにある、さまざまな人間の心理のあり方を多くの図像の例で示すことにあった。

すでに明らかにされているように、この写真集も、ザクスルとの緊密な共同制作関係のもとに成立した。だとすれば、同じ関心が写真を中心にしたこの講演のテキストにも働いていると見ることは不思議ではない。たしかに、現存する『ムネモシュネ・アトラス』には、日本関係のいくつかの写真が収録されてはいるものの、アメリカ先住民に関連する写真は含まれていない。しかし、クロイツリンゲン講演で使用された写真群は、文書に画像が添付されるのではなく、画像が主役となるというかたちで美術史学ないしはイメージ心理学の言説を引きだしてくる。その点で、この講演は「蛇」をテーマにしたもうひとつの『ムネモシュネ・アトラス』になっていると言えるだろう。

ツーリストとしてのヴァールブルク

アメリカ南西部は、米墨戦争、ゴールドラッシュ、鉄道建設へと続く「文明開化」の時代を迎えていた。鉄道パスを発行してもらっていたヴァールブルクは、一人で大陸横断鉄道を利用してフォー・コーナーズ地区に着いたあと、馬車でキャンプをしながらメサの集落を訪ねてまわった（図27・28）。彼自身が撮影した開拓地でのヨーロッパ人とアメリカ先住民の生活のようすは、興味深い細部にあふれている。

また、講演のなかではほとんど触れられていないが、一八九六年の二月から三月にかけてヴァールブルクは、カリフォルニア州パサディナにある豪華な「コロナード・ホテル」（図29）に滞在して、現地に滞在しているヨーロッパ人たちと乗馬やサイクリングをして休養をとっていた。彼は、バークリーやスタンフォードの大学図書館を利用するとともに、大学の教師たちとの意見交換も積極的におこなっている。彼がキームズ・キャニオンで実験した、『もじゃもじゃペーター』[★51]の話を聞かせて挿絵を描かせる方法（図23）は、このときスタンフォードで児童心理学者のE・バーンズから聞いたものであった。

彼は、さらに二月二四日にはサンフランシスコのチャイナタウンを訪れて（図30）、「不思議な世界」だという感想を残している。このときヴァールブルクは、日本への渡航計画を立てていた。日本を訪れたことのあるパウルからもおそらく話を聞いていただろう。家庭教師を雇って日本語を勉強していた形跡もある。[☆23]また、『ムネモシュネ・アトラス』に「切腹の場面」や「半迦思惟像」などが掲載されていることからもわかるように[☆24]、日本文化に対する彼の関心は、けっして低くはなかった。もし彼の日本滞在が実現していたら、「文明開化」が一段落し、下関条約直後の経済発展のただなかにある明治二九年の日本を彼は銀行家の長男としてどのように観察しただろうか。あるいは、少しまえにちょうどハインリヒ・フォン・ジーボルト[☆25]がそうしたように、日本でも人類学的な観察の記録を残しただろうか。

「ユダヤ人」であること

この講演のテキストは、ヴァールブルクがユダヤ人であったこととも深いつながりをもっている。そのひとつの

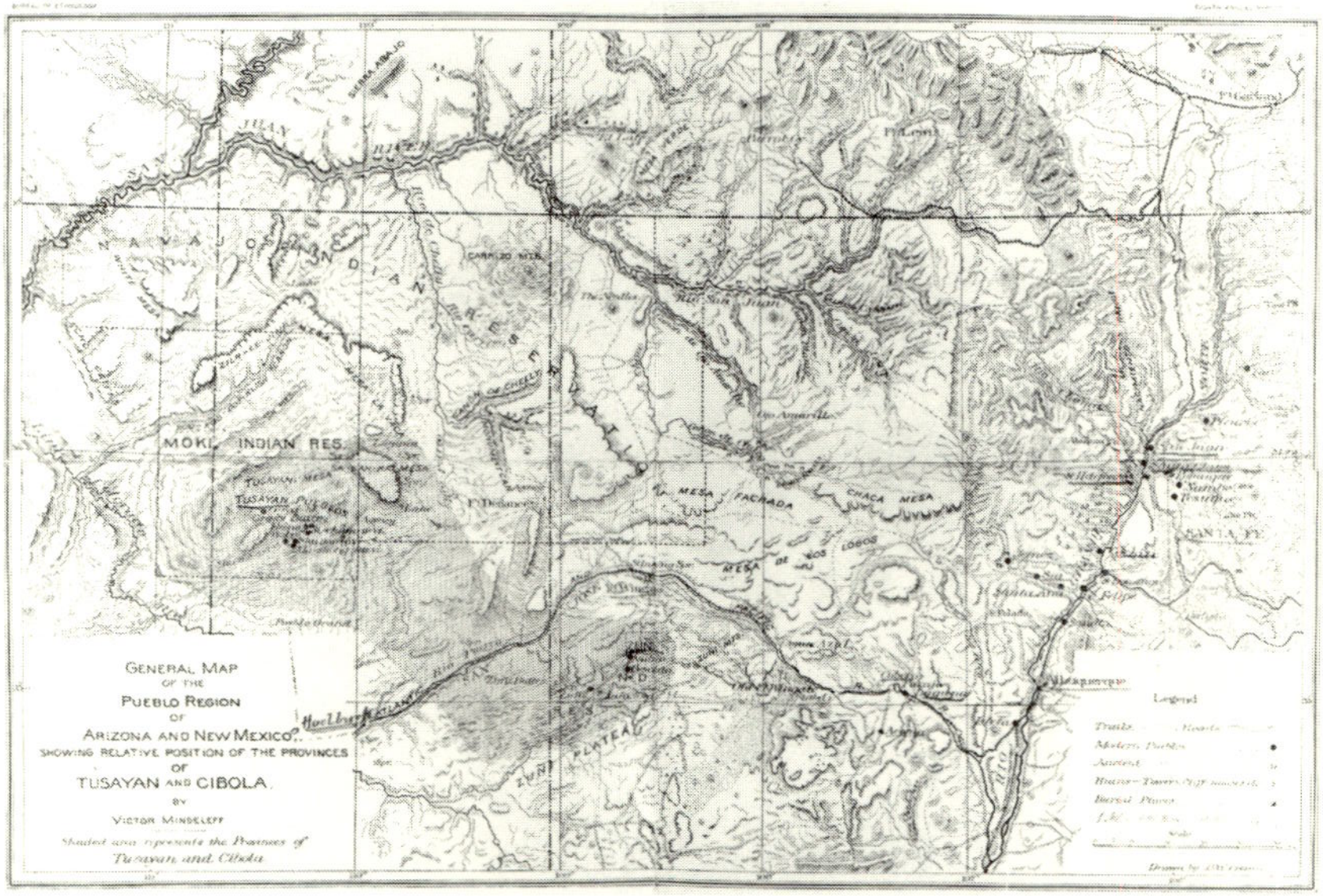

図27———ヴァールブルクが使用した地図（アリゾナとニューメキシコ）

図28———ヴァールブルクが使用した地図（ホピの集落とキームズ・キャニオン）

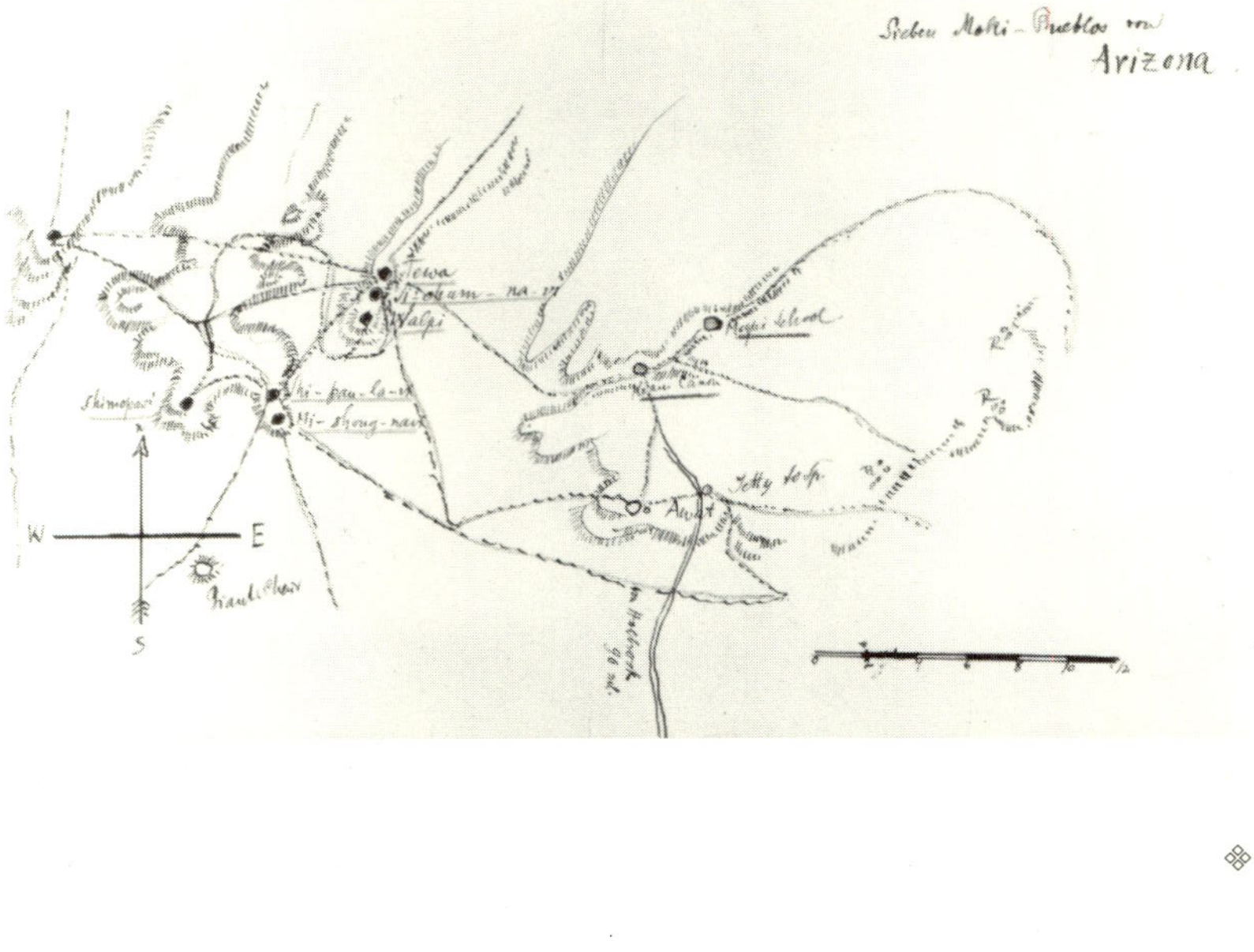

図29（上）——コロナード・ホテル
図30（下）——チャイナタウン

手がかりは、この講演に添えられた自伝的メモの記述である。そこで、ヴァールブルクは、一八七五年に家族がオーストリアの保養地バート・イシュルに滞在していたときのことを記している[☆26]。それによれば、病弱であった彼の母親が、そのとき重い病に倒れた。周囲から祈りを強制された当時七歳のアビは、抑圧的な気分に対抗するために、（戒律に反する）ソーセージを食べたり、「インディアン小説」がいっぱい並んでいる貸本屋にいってそれらを貪り読んだりしたという。サナトリウムで抑圧的な気分におちいっているヴァールブルクは、生きた蛇を口にくわえる先住民のイメージを、さらに昔の記憶に結びつけたのではないかというわけである。

また、ヴァールブルクがある種の統合失調状態におちいった原因のひとつは、第一次大戦中のドイツ国家への献身的な協力にあった。しかし、このときヴァールブルクは、当時のユダヤ系の知識人たちと同様に、複雑な疎外感におちいることになる。キリスト教以前の宗教伝統のなかで生まれた「異教徒」としてのユダヤ人たちは、一九世紀以降の「解放」の流れのなかでドイツの経済や文化を中核で担う一方で、同時に強い差別的な反感にさらされていた。スタインバーグが指摘しているように、弟の（ユダヤ人同士の）結婚式のあとでアメリカ南西部を訪れたヴァールブルクは、当時のドイツでユダヤ人たちが直面していた状況と、押し寄せるアメリカ文化のなかで同化を迫られるホピたちの生き方とのあいだに、ある種の類似性を感じていたにちがいない。

ましてや、ヴァールブルクは、ユダヤ教の伝統的な偶像否定の教義に逆行するイメージ研究者であり、しかもプロテスタントの彫刻家であったマリー・ヘルツとの結婚をこの当時真剣に考えていた。イメージ（イコン）の偶像性とその破壊（イコノクラスム）を扱う「青銅の蛇」をめぐる記述のなかには、その複雑な思いが込められていると言っていいだろう。

5　おわりに

この講演は、ヴァールブルク自身にとっては、たえず襲いかかる不安や強迫観念を克服して研究生活に復帰するための戦略的なプレゼンテーションという性格をもっていた。また、歴史的に見れば、一九世紀末から二〇世紀初頭にかけての、美術史学、人類学、哲学、さらにはさまざまな分野での同時代状況を背景としたさまざまな意味をここから引きだすこともできる。さらに、この講演は、テクノロジーの進展のなかで「熟慮のための空間」を距離としてどのように確保するか、そしてそのような技術の発展のなかで、肉体や感情といった生身の人間がもつ「野蛮」な部分をどのように制御するか、あるいはそもそもそのようなことが可能なのかどうか、といった問題を考えさせるという現代的な意義も豊かに含んでいると言っていいだろう。

この「解題」では、これまでに指摘されてきたり、これから先に予想されるさまざまな意味の可能性をできるだけ多くとりあげていくことを念頭に置いた。しかしここで言及されたものは、言うまでもなく、ヴァールブルクの「テクスト」が示唆する意味の可能性のすべてを包摂するわけではない。彼の文章が内包するかもしれない「意味」について「解説」を試みようとしても、おそらくそこにはいつまでも追いつくことができないにちがいない。この「テクスト」からさらに新たな意味を読みとっていくという将来に向けての課題は、読者の一人ひとりに委ねられることになるだろう。この翻訳を通して、さらに新たな意味づけや研究課題が引きだされてくることになれば、訳者としてこれ以上の喜びはない。

最後に、翻訳を進める過程で配慮や助言をいただいた多くの方々に感謝したい。とりわけ、ロンドン大学ウォーバーグ研究所の所長チャールズ・ホープ（Prof. Charles Hope）、アーカイヴ管理責任者のドロテア・マキューワン（Dr. Dorothea McEwan）、同助手のクラウディア・ヴェーデポール（Ms. Claudia Wedepohl）の三氏には「テクスト」の確定や図版の構成にあたって重要な示唆と協力をいただいた。とくにホープ所長からは、われわれの著作集（全7巻）の構成に高い評価をいただき、それらすべてに対する正式の許可をいただくことができた。また、写真図版の作成にあたっては、同研究所写真コレクション主任学芸員のエリザベス・マクグラース（Prof. Elizabeth McGrath）、アーキヴィストのスーザン・ムーラー（Ms. Susanne Meurer）両氏のご協力をいただいた。一方、ハンブルクやクロイツリンゲンでのヴァールブルクの活動については、ハンブルク大学美術史学部政治図像学講座（ヴァールブルク・ハウス）のシャルロッテ・ショエル＝グラス（Prof. Dr. Charlotte Schoell-Glass）、カレン・ミヒェルス（PD Dr. Karen Michels）のお二人から有益な情報をいただいた。さらに、初校の段階では、国立民族学博物館の吉田憲司氏に原稿に目を通していただいた。そして、ありな書房の松村豊氏は、終始編集者の立場からの適切な助言や激励をいただくとともに、この本が完成にいたるまでの困難な過程を一つひとつ確実に現実化していってくれた。深く感謝したい。

註

☆1――参照した草稿類については、文献リストを参照されたい。なかでも、今回の日本語版で主たるテキストにしたのは、一覧リスト番号の4、アーカイヴ番号III.93.3.2の草稿である。後述のように、この講演のテキスト選択には、オリジナリティと統一性の二律背反が必然的にともなう。古い草稿を選べばヴァールブルクの肉声に近づくがテキストとしてのまとまりを欠き、新しい草稿にもとづけば整合性は確保できるが後年の編集者の考えが色濃く反映することになる。今回採用したWIA.No.III.93.3.2は、一九三八年にウォーバーグ研究所がはじめてこの講演の原稿を公開するにあたって、ゲルトルート・ビングが英訳者に提供した（縮約以前の）タイプ原稿で、テキストとしてのまとまりをもつ最も古い草稿である。ただし、この草稿に欠落していた冒頭部分や「原註」などは、ほかの草稿類から補った。

☆2――これまでに公刊された諸国語版については、「文献一覧」を参照。日本語版における「スライド図版」は、講演の直後にタイプ清書された草稿WIA.No.III.93.1に添付されたスライドリストに記載された写真を、研究所の写真アーカイヴのなかから探して今回特別にプリントしなおしたものである。ただし、欠落を別の写真で補ったり、位置を変更したものがあるため、番号やその指示内容、および図版説明は必ずしも草稿とは一致しない。また、さらに日本語版では、テキストの理解を助けるために「参考図版」を、ウォーバーグ研究所に残されている写真などから選んで追加した。

☆3――そのほか、［　］は、とくに指示がないかぎり訳者による挿入を示している。また訳出にあたっては、原文の表記や表現を尊重した。

☆4――少なくとも一九二三年の講演の時点では「蛇儀礼」というタイトルは使われていない。またヴァールブルクは、本文六七ページにも明記されているように、「蛇儀礼」がワルピでおこなわれるまえに帰国したので、この儀礼を実際に見たわけではない。講演当日の演題は、マキューワンの最近の研究によれば「未開人類の呪術における論理」(Die Logik in der Magie der primitiven Menschen) となるはずであったとされる (cf. Rathgeb, 2002) が、日本語版では通称と草稿 (WIA.No.III.93.1) に書かれているものを併記した。

☆5——各国語版の解説や加藤/一九九七・二〇〇一、田中/二〇〇一、および以下の文献を参照。Naber, 1988; Saxl, 1992; Konigseder, 1993; Chernow, 1994; Guidi, 1998; Michaud, 1998.

☆6——この論文の日本語訳は、伊藤博明によるものが今回同時にありな書房から出版される。ちなみに、ありな書房から出版される「ヴァールブルク著作集」全体の公刊計画は、次のようになっている(タイトルは仮のもの)。

第1巻　『サンドロ・ボッティチェッリの《ウェヌスの誕生》と《春》』(第一回配本)
第2巻　『フィレンツェ市民文化における古典世界』(仮)
第3巻　『フィレンツェ文化とフランドル文化の交流』(仮)
第4巻　『ルネサンスの祝祭的生における古代と近代』(仮)
第5巻　『デューラーの古代性とスキファノイア宮の国際的占星術』(仮)
第6巻　『ルターの時代の言葉と表象における異教的=古代的予言』(仮)
第7巻　『蛇儀礼——北アメリカ、プエブロ・インディアン居住地域からのイメージ』(第一回配本)

☆7——Naber, 1988, p.90f., Steinberg, 1995, p.62.

☆8——本文では、一〇、三一ページ。メモには「すべての人類は永遠に、そしていつの時代にも分裂症的である」(WIA.No.III.93.4, p.34; Gombrich, 1980, p.223)、「治癒することのない一人の分裂症患者の告白」(93.4, p.1; Gombrich, 1980, p.227) といった記述が残っている。

☆9——一九二一年一一月三日付の書簡で、ウィーンからフロイトがビンスヴァンガーに「I出身のV教授」(アルファベットをひとつずつ移動すればH [amburg] 出身の W [arburg] 教授と読める) の病状について問いあわせている。ビンスヴァンガーは、八日付の返書で、ヴァールブルクの症状について詳細な説明をしたあとに、「時の経過とともに心因性の興奮は徐々に治まってくるでしょうが、急性の精神障害が発症した以前の状態への修復や、学問的活動の再開が可能であるようには思えません」と述べている。Fichtner, 1992; Diers, 1992; Konigseder, 1993, S. 84ff.

☆10——Steinberg, 1995, p. 76.

☆11——この言葉の由来については諸説がある。ヴトケによれば、細部をおろそかにしないという、研究者に必須の実証精神を表わす類似の表現は、近世以降、多く見られるが、この言い回しそのものは、ヴァールブルクによるものであるらしい。この言葉はカッシーラーによる弔辞のなかで引用され、さらには、クルティウスの『ヨーロッパ文学とラテン中世』のなかに登場したことで、人口に膾炙したと考えられている。Cf. Wuttke, 1992, S. 614-25, bes. 619.

☆12——現在刊行中のヴァールブルク全集では、テキスト批判を経た最終版（3. Abteilung, Bd.III-2）が収録される予定になっている。

☆13——WIA III.93. 4. p. 8; Gombrich, 1980, p. 88f.

☆14——Steinberg, 1995, p. 96.

☆15——Wuttke, 1992, p. 630ff.

☆16——Gombrich, 1980, p. 105ff., Michaud, *Warburg et l'mage eu mouvement*, 1998a, p. 236f.

☆17——アネモネは、ドイツ語では、風の花（Windblüte）と表記する。また、アドニスとの関係でウェヌスにも結びつく。「動きをはらんだ付属物」については、本書と同時に刊行される『サンドロ・ボッティチェッリの《ウェヌスの誕生》と《春》』を参照。

☆18——Fewkes, 1894; 1895.

☆19——Jung, 1921. ちなみにユングは一九二四年にアメリカへ旅行し、「プエブロ・インディアン」の居住地域を訪ねている。

☆20——Wittkower, 1938. 本書の九一ページにも述べられているように、「蛇は、……国際的に通用する象徴」なのである。

☆21——Jones, 2000, p. 48f.

☆22——WIA III.93.1.1. p.6.

☆23——ヴァールブルク自身が撮影した写真のカタログの「今は失われたヴァールブルクによるネガから現像された古い写真」の第四四番目に、「ヴァールブルクの日本語教師であるアキヤマ氏」の写真が記載されている。Guidi, 1998, p. 158.

☆24——バルタ＝フリードル／一九九九、および以下の文献を参照。Warburg, 2000, p. 133.

☆25——Heinrich von Siebold, 1854-1908. 有名なフィリップ・フランツの次男で日本の考古学の成立に大きな影響を与えたハインリヒ・フォン・ジーボルトは、一八六九年から七二年、さらに一八七三年から九五年まで日本に滞在した。ジーボルトについてはクライナー／一九八〇を見よ。

☆26——WIA III, 91. 4. pp. 16-18, Gombrich, 1980, pp. 20.

人名／地名／事項索引

人名索引

ア行

アスクレピオス（Askelpios） 78-84, 88, 91
アレン，フランク（Frank Allen） 38

イカロス（Ikaros） 98
イザヤ（Jesaja） 84

ヴァールブルク，マックス（Max Warburg） 107
ウェルギリウス（Virgilius） 74

エジソン，トーマス（Thomas Alva Edison） 96
エムデン，ハインリヒ（Heinrich Embden） 107
エリニュス（Erinys） 78

カ行

カッシーラー，エルンスト（Ernst Cassirer） 107

キーム，トーマス（Thomas Varker Keam） 39, 43

クッシング，フランク（Frank Hamilton Cushing） 33, 36, 79

ゲーテ，ヨーハン・ヴォルフガング（Johann Wolfgang Goethe） 93

サ行

ザクスル，フリッツ（Fritz Saxl） 107-108
サテュロス（Satyr） 63, 65-66

ジュイヤール師（Pére Juillard） 24

スティーヴンソン，マティルダ（Matilda Coxe Evans Stevenson） 21

タ行
ダンテ，アリギエーリ（Alighieri Dante） 74
ティアマト（Tiamat） 78
ディオニュソス（Dionysos） 75
ティヨ（Tiyo） 74

ハ行
パウロ（Paulos） 85

ヒゼキヤ（Hiskias） 84

フュークス，ウォルター（Jesse Walter Fewkes） 20
フランクリン，ベンジャミン（Benjamin Franklin） 98
フリーノ、アナクレート（Anacleto Jurino） 20
フリーノ、クレオ（Cleo Jurino） 20-22, 25
プロメテウス（Prometheus） 98

マ行
マイナデス（Mainades） 75
マンハルト，ヴィルヘルム（Wilhelm Mannhardt） 63

モーセ（Moses） 84-85, 88

ライト兄弟（Wilbur and Orville Wright） 98

地名索引

ア行
アコマ（Acoma） 24, 26, 28-29
アテネ（Athen） 7
アリゾナ（Arizona） 8, 12, 27
アルバカーキ（Albuquerque） 12-13
ヴァティカン（Vatican） 79

エルベ川（Elbe） 84

オライビ（Oraibi） 7, 37-39, 67, 48-49, 50-51, 54-62, 64-65, 129

カ行
キームズ・キャニオン（Keams Canyon） 38, 42-43, 95

クロイツリンゲン（Kreuzlingen） 7, 88, 107-108

コス島（Kos） 79
コチティ（Cochiti） 21-22
コロラド（Colorado） 12

サ行
ザーレム（Salem） 88
サンイルデフォンソ（San Ildefonso） 30, 32, 37, 67
サンタフェ（Santa Fe） 12-13, 15, 20, 22, 32
サンフランシスコ（San Francisco） 96

シア（Sia） 21, 23
シキヤキ（Sikyatki） 18

ナ行
ニューメキシコ（New-Mexico） 8, 12-13

ハ行
バビロン（Babylon） 78
ハンブルク（Hamburg） 17, 19, 56, 84

フィーアランデ（Vierlande） 84
フォート・ウィンゲート（Fort Wingate） 12
ヘルゴラント（Helgoland） 24, 27
ベルナリージョ（Bernalillo） 24

ホルブルック（Holbrook） 38, 40-41

マ行
マルタ島（Malta） 85

ラ行
ラグーナ（Laguna） 13, 16, 25

リオ・グランデ・デル・ノルテ川（Rio grande del Norte） 12

リューディングヴォルト（Lüdingworth） 84, 91-92

ロッキー山脈（Rocky Mountains） 12

ワ行
ワルピ（Walpi） 39, 46-47, 66-68, 74

事項索引

ア行
アチソン・トピーカ・サンタフェ鉄道（The Atchison, Topika and Santa Fe Railway） 13
アニミズム（Animismus） 11, 53, 63
アネモネのような髪型（Windenblütenartiger Haarschmuck） 53, 57
アンクル・サム（Uncle Sam） 96
アンテロープ（Antelope） 32-35, 37, 67-68

生贄（Opfer） 31, 66, 68, 74-75, 84
イサクの犠牲（Opferung Isaaks） 88
稲妻（Blitz） 21, 24, 70, 74, 91-93, 96

海蛇座（Hydra） 82

黄金の雄牛（Goldenes Kalb） 88
オリーヴ山礼拝堂（Ölbergkapelle） 88-89

カ行
階段（Treppe） 20-21, 25, 30, 39, 52
カチーナ（Katcina） 13, 17, 37-39, 52, 54-62, 64-65, 67
「かのように」の哲学（Philosophie des “Als Ob” ） 92
仮面（Maske） 10-11, 18, 30, 32-33, 37-39, 52-53, 55-56, 67-68, 79, 90-91
『皮脚絆物語』（*The Leather-Stocking Tales*） 18

キヴァ（kiwa） 20-21, 39, 68

クラン［氏族］（Clan） 37, 68, 70, 74

サ行
最小力量の法則（Gesetz vom Kleinsten Kraftmass） 90

思考空間（Denkraum） 91, 98
樹液（Säfte） 66
樹木崇拝／樹木信仰（Baumkult） 11, 37, 53, 63
狩猟（Jagd） 8, 18, 30-32, 37
象形文字（Hieroglyphe） 18-19, 79, 82
神殿での眠り（Tempelschlaf） 82

ズーニ（Zuni） 12

星座の神（Sterngottheit） 82, 91
青銅の蛇（Eherne Schlange） 84-85, 87-88
聖書（Bibel, Altes Testament, Neues Testament） 78, 84-86, 91
精霊（Dämon） 11, 13, 18, 37, 52, 67, 78, 90, 92, 96
世界家屋／宇宙家屋（Weltenhaus） 21, 50, 93
占星術（Astrologie） 79, 82

タ行

ダイアデム［髪飾り］（Diadem） 75
ダーウィニズム（Darwinismus） 37
磔刑図（Kreuzigung） 88

電気（Elektrizität） 96, 98

トーテム（Totem） 18, 68, 74, 82

ナ行

ナヴァホ（Navaho） 25, 28

農耕（Ackerbau） 10, 18, 30-31, 37

ハ行

バホ（baho） 20, 68, 74

百獣の母（Mutter aller Tiere） 32

プエブロ（Pueblo） 8, 10-11, 13-14, 16-17, 20, 25, 30-32, 53, 66, 90, 96, 107
フミスカチーナ舞踊（Humiskatcina-Tanz） 38-39, 52, 54, 57-62, 64-65, 67
物神（Fetisch） 20-22, 39, 69, 75, 82
分裂症（Schizophrenie） 10, 31

蛇使い座（Ophiuchus） 82-83, 91

ホピ（Hopi） 12, 50-51, 57, 95
『ぼんやりハンスのおはなし』（“Hans Guck-in-die-Luft”） 93

マ行
マタチネス舞踊（Matachines-Tanz） 24

メサ（Mesa） 12, 14, 27

モキ（Moki） 10, 12, 20, 38, 67-68, 75, 79

ラ行
《ラオコオン群像》（«*Laokoon*»） 77-78, 84, 88, 91

ヤ行
遊牧（nomadisierend） 8, 25, 31, 67

予型論（Typologie） 85, 88

ヴァールブルク著作集7

蛇儀礼

——北アメリカ、プエブロ・インディアン居住地域からのイメージ

二〇〇三年三月二五日第一刷発行

著　者——アビ・ヴァールブルク

編訳者——加藤哲弘（関西学院大学文学部教授）

装　幀——中本　光

発行者——松村　豊

発行所——株式会社　ありな書房
東京都文京区本郷一—五—一七　三洋ビル二一
電話・FAX　〇三（三八一五）四六〇四

印刷——株式会社　厚徳社

製本——株式会社　小泉製本

ISBN4-7566-0378-5

アビ・ヴァールブルク著作集 全7巻

伊藤博明＋加藤哲弘　監訳

イコノロジーの創立者として著名な美術史家アビ・ヴァールブルク（1866-1929）の文化学は、近代的美術史学の枠組みを超え、来たるべき人文科学の多様な可能性を内包していた。本著作集は、ジャンルを超えて思索を展開するヴァール ブルクの主要な論考をほぼ網羅し、その豊穣な思索の全体像をはじめて明らかにする。

1　サンドロ・ボッティチェッリの《ウェヌスの誕生》と《春》

イタリア初期ルネサンスにおける古代表象に関する研究

伊藤博明監訳

ボッティチェッリの神話画《ウェヌスの誕生》と《春》を対象に、古典古代のイメージがルネサンス期のイタリアにおいていかに再生したのかを、古典文学および同時代の文学との連関の中で読み解き、ボッティチェッリ研究のみならず、ルネサンス美術 研究全体にたいして新たな方向性を提示した、ヴァールブルクの記念碑的学位論文。

４０００円

2　フィレンツェ市民文化における古典世界（仮）

伊藤博明監訳

3　フィレンツェ文化とフランドル文化の交流（仮）

加藤哲弘監訳

4　ルネサンスの祝祭的生における古代と近代（仮）

加藤哲弘監訳

5　デューラーの古代性とスキファノイア宮の国際的占星術（仮）

伊藤博明監訳

6　ルターの時代の言葉と表象における異教的 - 古代的予言（仮）

伊藤博明監訳

7　蛇儀礼

北アメリカ、プエブロ・インディアン居住地域からのイメージ

加藤哲弘訳

ヴァールブルク自らが現地で写真に収めたアメリカ先住民たちの生活と儀礼、そのなかに息づく蛇のイメージ。生活雑器や住居内の装飾、豊穣祈願の儀礼である仮面舞踊などに見られる蛇図像の象徴的意味を解明することで古典古代やキリスト教世界の絵画や彫刻に登場する「蛇」の役割を逆照射する、大胆な領域横断的論攷。

３６００円